Kita-Praxis: Bildung
Mathematik
Wilfried Berghoff (Hrsg.)

Kita-Praxis: Bildung

Rebecca Taylor

Mathematik:

zählen

ordnen

messen

3-6 Jahre

Cornelsen
SCRIPTOR

Titel der englischen Originalausgabe:
Rebecca Taylor: Foundation Blocks. Mathematical Development. Brilliant Publications, GB.
© Rebecca Taylor, 2001

Übersetzung aus dem Englischen:
Regina Erich, Stonehaven, GB

Herausgeber der deutschen Ausgabe:
Wilfried Berghoff unterrichtet an der Fachschule für Sozialpädagogik des Berufskollegs Vera Beckers in Krefeld. Er ist Autor von Fachbüchern zu den Themen Sprachförderung und interkulturelles Lernen.

Cornelsen online   http://www.cornelsen.de

Bibliografische Information
Die Deutsche Bibliothek verzeichnet diese Publikation in der
Deutschen Nationalbibliografie; detaillierte bibliografische Daten
sind im Internet über http://dnb.ddb.de abrufbar.

Dieser Band folgt den Regeln der deutschen Rechtschreibung,
die von August 2006 an gelten.

4.	3.	2.	1.	Die letzten Ziffern bezeichnen
09	08	07	06	Zahl und Jahr der Auflage.

© 2006 Cornelsen Verlag Scriptor GmbH & Co. KG, Berlin
Das Werk und seine Teile sind urheberrechtlich geschützt. Jede Nutzung
in anderen als den gesetzlich zugelassenen Fällen bedarf deshalb der vorherigen
schriftlichen Einwilligung des Verlags.
Hinweis zu § 52a UrhG: Weder das Werk noch seine Teile dürfen ohne eine solche
Einwilligung eingescannt und in ein Netzwerk eingestellt werden. Dies gilt auch für
Intranets von Schulen und sonstigen Bildungseinrichtungen.
Redaktion: lüra – Klemt & Mues GbR, Wuppertal
Illustrationen: Ian Hunt, Thomas Binder
Umschlaggestaltung und Layout: Magdalene Krumbeck, Wuppertal
Satz: stallmeister publishing, Wuppertal
Druck und Bindearbeiten: Westermann Druck Zwickau GmbH
Printed in Germany
ISBN-13: 978-3-589-22247-6
ISBN-10:   3-589-22247-6

Gedruckt auf chlorfrei gebleichtem Papier
ohne Dioxinbelastung der Gewässer.

Inhalt

Vorwort	8
Einführung	10
Symbole – Erklärung	12
Kompetenz-Raster	14
Themenbereiche: Zuordnung der Aktivitäten	17
Kopiervorlagen-Übersicht	19

Zählen und ordnen	Themenbereiche	Seite
Alles Gute zum Geburtstag!	Feste und Feiern	20
Tiere im Sand und im Wasser	Lernen mit Tieren	21
Spannende Eiersuche zu Ostern	Feste und Feiern	22
Richtig parken	Reise und Verkehr	23
Busfahrt	Reise und Verkehr	24
Wettertabelle	Wetter	25
Bärenhaus	Familie	26
Lieblingssocken sortieren	Familie	27
Lieblingsfarben	Farben	28
Fitnesspunkte sammeln	Gesundheit	29
Einen Spielzeugladen einrichten	Spielen	30
Tier-Krankenhaus	Lernen mit Tieren	31
Kuscheltiere zu Besuch	Lernen mit Tieren	32
Geburtstagsballons	Feste und Feiern	33
Geburtstagskarten und -dekorationen	Feste und Feiern	34
Wie viele Tage bis Weihnachten?	Feste und Feiern	35
Weihnachtsladen	Feste und Feiern	36
Farbentisch	Farben	37
Farbentürme	Farben	38
Bunte Knete – selbst gemacht	Farben	39
Café Hopsassa	Ernährung	40
Gartencenter	Natur	41
Wir bauen ein Iglu	Jahreszeiten	42
Strandsouvenirs	Jahreszeiten	43
Tiger hat Geburtstag!	Feste und Feiern	44
Im Postamt	Helfer im Alltag	45
Besuch vom Postboten	Helfer im Alltag	46
Teddys an der Wäscheleine	Lernen mit Tieren	47
Kreisspiel	Lernen mit Tieren	48
Zehn kleine Bären	Lernen mit Tieren	49
Farben-Twister	Farben	50

Mathematik

Inhalt

Zählen und ordnen	Themenbereiche	Seite
Zahlen im Alltag	Familie	51
Zähneputzen nicht vergessen!	Gesundheit	52
Fitnesstraining	Gesundheit	53
Welche Kleidung für welche Jahreszeit?	Jahreszeiten	54
Der Rechen-Tiger	Lernen mit Tieren	55
Mein Tier-Buch	Lernen mit Tieren	56
Osternester	Feste und Feiern	57
Mein Würfelspiel	Familie	58
Frühstücksschätz(ch)en	Ernährung	59
Lieblingsspeisen	Ernährung	60
Mehr oder weniger Blumen?	Natur	61
Werfen und Fangen	Gesundheit	62
Würfel-Bingo	Spielen	63
Meine Finger, meine Füße	Ich bin ich	64
Mein persönliches Zählbuch	Ich bin ich	65
Wer hilft uns?	Helfer im Alltag	66
Wir kaufen ein	Ernährung	67
Eine Gemüsesuppe kochen	Ernährung	68
Jahreszeiten-Uhr	Jahreszeiten	69
Wie viele Blätter hängen am Baum?	Jahreszeiten	70
Bären-Uhr	Jahreszeiten	71
Unser Tiger frisst Zahlen!	Spielen	72
Wie viele Räder?	Reise und Verkehr	73
Buntes Würfelspiel	Farben	74

Messen	Themenbereiche	Seite
Fleißige Gärtner	Natur	75
Eisfiguren	Wasser	76
Mit der Familie unterwegs	Familie	77
Leer, halb voll, voll	Wasser	78
Regenwasser sammeln	Wetter	79
Ich bin so groß wie diese Blume!	Natur	80
Riesengroße Sonnenblumen	Natur	81
Große Schritte, kleine Schritte	Gesundheit	82
Wasserträger-Wettlauf	Wasser	83
Aktuelle Wetterkarte	Wetter	84
Bananen wiegen	Ernährung	85
Wie viele Becher brauche ich?	Wasser	86
Große Tiere, kleine Tiere	Lernen mit Tieren	87

Inhalt

Messen	Themenbereiche	Seite
Bunte Sträuße	Natur	88
Zirkeltraining	Gesundheit	89
Herbstliche Fundsachen	Jahreszeiten	90
Wie weit kann mein Auto fahren?	Reise und Verkehr	91

Formen und Räume	Themenbereich	Seite
Bauen und konstruieren	Farben	92
Familienfotos	Familie	93
Collagen	Formen	94
Verstecken spielen	Spielen	95
Eine Wohnung für mein Stofftier	Lernen mit Tieren	96
Geschenkpapier selbst gemacht	Feste und Feiern	97
Was ist in der Socke?	Familie	98
In der Pizzeria	Ernährung	99
Gartenplan	Natur	100
Hindernisbahn	Gesundheit	101
Mein Haus	Wohnen	102
Klapp-Blumen	Natur	103
Formen-Laden	Formen	104
Formen-Tauschbörse	Formen	105
Ich sehe was, was du nicht siehst …	Formen	106
In welche Kiste passt das Tier?	Spielen	107
Spielsachen-Muster	Spielen	108
Einen Drachen bauen	Wetter	109
Bären-Girlande	Spielen	110
Puppenmöbel bauen	Wohnen	111
Formen-Lotto	Wohnen	112
Guck' da!	Formen	113
Wir sind Roboter	Formen	114
Mosaike	Formen	115

Mathematik

Vorwort

Vorwort zur deutschen Ausgabe

Der vorliegende Band ist Teil der Reihe „Kita-Praxis: Bildung". Die insgesamt sieben Bände der Reihe begleiten Sie bei der Bildungsarbeit in Tageseinrichtungen für Kinder. Das Wort „begleiten" ist bewusst gewählt. Die Formulierung „Kita-Praxis" macht deutlich, dass alle Angebote dieser Reihe aus der täglichen Arbeit der Kindertagesstätten erwachsen sind und an die Erfahrungen von Erzieherinnen anknüpfen. Der Aspekt der *Bildung* ist in den Tageseinrichtungen für Kinder kein Novum, ist er doch bereits seit Jahren ein wesentliches Anliegen von Erzieherinnen und zudem in den Gesetzen verankert, die die Aufgaben der Tageseinrichtungen umreißen.
Neu an dieser Reihe ist die Systematisierung des Bildungsprozesses: Die ursprünglich in Großbritannien entwickelten pädagogischen Angebote in diesem Buch wurden mit Blick auf die verschiedenen Bildungspläne der Bundesländer Schritt für Schritt aufgebaut. Sie erleichtern dadurch auch die geforderte Dokumentation des Bildungsprozesses.

In einer Zeit des Umbruchs, in der Erzieherinnen sich mit immer stärker verändernden Lebenswelten, Familienstrukturen und sozialen Rahmenbedingungen und daran geknüpften Erwartungen bei der Betreuung, Erziehung und Bildung konfrontiert sehen, sind strukturierte Vorgaben, Hilfestellungen, Handreichungen und dergleichen unumgänglich geworden. Zieht man die Ergebnisse der PISA-Studien heran und schaut sich in den erfolgreicheren Ländern um, so sind die Ergebnisse dort am besten, wo neueste pädagogische, psychologische und neurologische Erkenntnisse genutzt und miteinander verknüpft worden sind.
Bezogen auf die Arbeit mit Kindern, auf das Grundlegen von Bildung, trifft ein Bonmot des österreichischen Komponisten Anton Bruckner den Kern – es beschreibt, was eine verantwortbare Elementarbildung ausmacht:

„Wer hohe Türme bauen will, muss lange beim Fundament verweilen."

Diesem Grundsatz folgt auch diese systematisch angelegte Reihe, die in Großbritannien seit Jahren mit Erfolg eingesetzt wird und die auch die in Deutschland als richtig erkannten Kompetenzbereiche kindlichen Lernens berücksichtigt: Mathematik, Natur und Umwelt, Kreativität, Sprache und Verständigung, Körper und Bewegung, Soziales Lernen sowie die Sprachförderung. Die Reihe verfolgt das Ziel, Orientierung zu bieten, die Bildungsprozesse im Alltag zu erleichtern und auf leicht verständliche Weise eine kontinuierliche Weiterentwicklung zu gewährleisten.
Die Vielfalt der angebotenen Aktivitäten soll es den Kindern über die Aneignung von Wissen und Fertigkeiten hinaus ermöglichen, Selbstbewusstsein, Eigenständigkeit und damit auf das Engste verbunden auch eine eigene Identität zu entwickeln.

Mathematik

Vorwort

Hierzu – und dies zeigen die genannten Kompetenzbereiche – ist ein Lernen mit allen Sinnen unabdingbar. Darüber hinaus orientieren sich die in den einzelnen Bänden angebotenen Aktivitäten an der Erlebniswelt der Kinder und folgen dabei aufeinander aufbauenden Prinzipien, beispielsweise vom Leichten zum Schweren oder vom Einfachen zum Zusammengesetzten. Außerdem eröffnen sie neue Horizonte, indem sie ausgehend vom Alltag der Kinder in andere – frühere – Zeiten, entfernte Kulturen, fremde Denkweisen führen.

Die Offenheit der Gestaltung durch unterschiedliche mediale Zugänge, weiterführende Angebote und Hinweise auf ähnliche Aktivitäten gewährleistet größtmögliche Freiheit für die Erzieherinnen *und* die Kinder, bietet aber auch die Möglichkeit, zum Beispiel die Eltern mit „ins Boot" zu holen. So könnte unter anderem auf diese Weise neben der immer schon bestehenden Erziehungspartnerschaft zwischen Kindertagesstätte und Elternhaus auch eine Bildungspartnerschaft initiiert werden.

Die in jedem Band angelegten Kompetenz-Raster bieten die Möglichkeit, gegebene Lücken in einzelnen Bereichen wahrzunehmen und gezielt anhand des Kapitels und des Schwierigkeitsgrades passende Aktivitäten für einzelne Kinder oder Kleingruppen oder für alle Kinder auszusuchen. Unabhängig von der in den Bänden angegebenen Reihenfolge sind die einzelnen Spiel- und Übungsformen vielfältig kombinierbar, auch über den jeweiligen Band hinaus. Die übereinstimmende Einteilung in alltägliche Themenbereiche erleichtert die Orientierung. Nicht zuletzt können die Kompetenz-Raster aber auch hilfreich für die Dokumentation individueller Bildungsprozesse sein, da sie die angestrebten Kompetenzen klar beschreiben.

Abschließend sei noch einmal der Hinweis auf das oben genannte Zitat erlaubt: Die Reihe „Kita-Praxis: Bildung" will helfen, das Fundament, das heißt die Entwicklungspotenziale der Kinder, möglichst breit und intensiv zu fördern, damit diese später vielseitig ausgeschöpft und die „Türme" der Bildung möglichst hoch gebaut werden können.

Wilfried Berghoff

Einführung

Einführung

Der vorliegende Band enthält knapp 100 unterschiedliche Lern- und Spielangebote. Sie knüpfen an die alltägliche Erfahrungswelt von Kindern im Vorschulalter an und fördern das mathematische Verständnis und dessen Entwicklung.

Die einzelnen Aktivitäten sind sechzehn Themenbereichen zugeordnet, die an die Erfahrungswelt der Kinder anknüpfen und deshalb in der Vorschulerziehung und Grundschulpädagogik aufgegriffen werden. Diese Themenbereiche finden sich als Gliederungsmerkmal in allen Bänden der Reihe „Kita-Praxis Bildung" gleichermaßen wieder:

- Ernährung
- Familie
- Farben
- Feste und Feiern
- Formen
- Gesundheit
- Helfer im Alltag
- Ich bin ich
- Jahreszeiten
- Lernen mit Tieren
- Natur
- Reise und Verkehr
- Spielen
- Wasser
- Wetter
- Wohnen

In den Randspalten einer jeden Seite finden sich die wichtigen Informationen im Überblick: Themenbereich, Schwierigkeitsgrad, erforderliche Gruppenstärke und Zeitrahmen sowie eine Material- oder Medienliste und gegebenenfalls Warn-/Sicherheitshinweise.
Alle Aktivitäten können so variiert werden, dass sie sich in eine Themenstellung eigener Wahl leicht einfügen lassen.
Die Lern- und Spielangebote sprechen vielfach mehrere Fähigkeiten zugleich an. Sie sind geeignet, Kinder während ihrer mathematischen Lernentwicklung wirksam zu unterstützen, damit sich Selbstvertrauen und Kompetenzen bilden und festigen können.

Zahlenverständnis

Zählen zu können ist ein wesentlicher Aspekt des Zahlenverständnisses. Wer zählt, muss nicht nur Zahlen in ihrer korrekten Abfolge nennen können. Vielmehr bedeutet Zählen auch, die Zahlen den gezählten Objekten zuzuordnen, jeweils ein Objekt mit nur einer Zahl zu bezeichnen (Eins-zu-eins-Zuordnung) und zu verstehen, dass die letztgenannte Zahl gleichzeitig die Gesamtzahl einer Menge von Objekten repräsentiert.

Einige Aktivitäten in diesem Buch vermitteln Kindern ein Verständnis von Zahlen als Ordinalzahlen (zum Beispiel Hausnummern, Buslinien, Fernsehkanäle usw.).

Viele Aktivitäten bieten praktische Gelegenheiten für erstes Rechnen oder Gesprächsanlässe über die Bedeutung von Zahlen im Alltag. Kinder entwickeln ein erstes Verständnis für Addition, Subtraktion, Multiplikation und Division, indem sie die Anzahl von Dingen vergleichen und kombinieren, dieser eine gleich große Menge hinzufügen oder etwas gleichmäßig untereinander verteilen.

Formenverständnis, Raumvorstellung und Messverfahren

In einer Reihe von Aktivitäten entwickeln die Kinder ein Verständnis für die Eigenschaften geometrischer Flächen und Körper, indem sie geometrische Formen in ihrer Umgebung wahrnehmen und benennen.

Das Buch enthält eine Vielzahl von praktischen Erfahrungsmöglichkeiten für Kinder, um geometrische Formen zu erkunden, zu handhaben und zusammenzufügen. Auf diese Weise schärfen sie ihr räumliches Vorstellungsvermögen.

Aufgabenstellungen, bei denen Gegenstände oder Mengen gemessen werden, geben Kindern die Gelegenheit, Objekte zu vergleichen und sie nach Länge oder Fassungsvermögen zu ordnen. Es wird empfohlen, auch nicht-standardisierte Messverfahren anzuwenden. Aktivitäten, die als Rituale im täglichen Gruppenleben verankert werden, fördern ein elementares Verständnis von Zeit und üben die Bestimmung von Wochentagen und Monaten.

Planungsaspekte

Alle Spiel- und Lernangebote berühren auch die Kommunikationsfähigkeit sowie die Kreativitätsentwicklung, die vertiefend in den Bänden „Sprache und Verständigung: hören, sehen, sprechen", „Soziales Lernen: ich, du, wir" und auch „Kreativität: erfinden, probieren, gestalten" erarbeitet werden. Keine der vorgestellten Aktivitäten setzt Vorkenntnisse seitens der Kinder voraus. Vielmehr entscheidet die Pädagogin oder der Pädagoge mit Blick auf das Entwicklungsalter der Kinder über die Auswahl von Lern- und Spielangeboten.
Abschließende Ergebnissammlungen und -diskussionen in der Gesamtgruppe sind nicht nötig. Dennoch sollten die Erwachsenen Zeit einplanen, um gemeinsam mit den Kindern das Gelernte zu überdenken. Wichtig ist es, die Leistungen der Kinder im Gespräch angemessen zu würdigen, damit ihre Lernarbeit Wert und Bedeutung erhält. Darüber hinaus können die Kinder voneinander lernen und so gleichzeitig ein konstruktives Feedback über ihr eigenes Lernen und Arbeiten erhalten.

Symbole

Das bedeuten die Symbole im Buch

– Schwierigkeitsgrad

Mit Punkten von ⚀ bis ⚅ wird der Schwierigkeitsgrad angezeigt, der für die Kinder mit der Bearbeitung einer Aufgabe verbunden sein kann. ⚀ steht für eine einfache Aktivität für jüngere Kinder, ⚅ weist auf Aktivitäten für Kinder hin, die in absehbarer Zeit die Grundschule besuchen werden. Da die meisten Gruppen altersheterogen zusammengesetzt sind, ist der größte Teil der Aktivitäten als „einfach" gekennzeichnet, sodass die ganze Lerngruppe daran teilnehmen kann. Ein höherer Schwierigkeitsgrad kann mit Hilfe der vorgeschlagenen Zusatzangebote erreicht werden. Die Kapitel sind vom Leichten zum Schweren aufgebaut.

– Gruppenstärke

Anzahl der teilnehmenden Kinder unter Berücksichtigung der Aspekte Sicherheit und Schwierigkeit der Aktivität. Eine günstige Kinder-Erwachsenen-Relation ermöglicht auch weniger lernstarken Kindern die Bewältigung anspruchsvollerer Aufgaben. Die Gruppenstärke weist auf die Anzahl der Kinder während der Durchführung der Aktivität selbst hin, nicht auf Hinführungen oder Nachbesprechungen (Ergebnisreflexionen) in der Gesamtgruppe.

– Zeitaufwand

Die Zeitangaben sind nur Rahmenhinweise. Sie sollen in keiner Weise einengen. In der Regel bezeichnen sie den reinen Zeitaufwand für die Durchführung der Aktivität, Vor- und Nachbereitungszeit sind nicht eingerechnet. Auch *Vertiefungen* und *Variationen* sind gegebenenfalls hinzuzurechnen.

– Warnhinweis/Sicherheitsrisiken

Dieses Symbol weist darauf hin, dass für die betreffende Aktivität die Beaufsichtigung durch Erwachsene erforderlich ist. An relevanten Stellen werden die Arbeitsanleitungen durch zusätzliche Sicherheitshinweise ergänzt. Es wird dringend empfohlen, diese Hinweise vor Beginn einer Aktivität zu beachten.

Allgemeine Sicherheitsaspekte

Kinder sind aktiv Lernende. Lern- und Spielangebote, die zum Erkunden, Erforschen, Konstruieren oder Gestalten einladen, umfassen bisweilen potenziell gefährdendes Zubehör. Ein Teil des Lernprozesses besteht darin, dem Kind Gelegenheit zu geben, den sicheren Gebrauch solcher Gegenstände oder Stoffe zu erlernen. Da Kinder im Vorschulalter Gefahren nicht einschätzen können, sind die Erwachsenen aufgefordert, ihr Gruppensetting regelmäßig auf Risiken und Gefahren hin zu überprüfen.

Eltern sind Experten für ihr Kind und dessen persönliche Erfahrungswelt; ihre Hinweise bilden wertvolle Bausteine für die Arbeit von Pädagoginnen und Pädagogen. Zu den Informationen, die in der Arbeit mit Kindern unerlässlich sind, gehört die Kenntnis von möglichen Gesundheitsproblemen, insbesondere Allergien.

Sicherheitsbestimmungen seitens Ihres Arbeitgebers oder Trägers haben vor den Empfehlungen dieses Buches Vorrang; überprüfen Sie die entsprechenden Bestimmungen und Richtlinien genau in Bezug auf den Gebrauch von jeglichem Zubehör, Werkzeugen und Materialien.

Kopiervorlagen

Die Seiten 116 – 135 umfassen Kopiervorlagen für den Einsatz in Verbindung mit der jeweils angegebenen Aktivität. Die Darstellungen sind bewusst so gestaltet, dass sie von Kindern gegebenenfalls ausgemalt werden können. In den meisten Anleitungen wird empfohlen, die fertig ausgemalten Vorlagen zu laminieren, um ihre Haltbarkeit zu gewährleisten. Soll eine bestimmte Darstellung ausgeschnitten und aufgeklebt werden, ist sicherzustellen, dass diese Arbeitsschritte durch einen Erwachsenen erfolgen. Die relevanten Kopiervorlagen sind mit entsprechenden Hinweisen versehen.

Variationen

Die Variationen beinhalten Empfehlungen, wie das Gelernte auch in andere Erfahrungsräume eingebracht werden kann.

Viele Lern- und Spielangebote greifen auf wiederverwendbares Material (Verpackungen, Zeitschriften usw.) zurück. In vielen Fällen können die Kinder dieses vielleicht von zu Hause mitbringen.

Portfolio: Dokumentation des Leistungsfortschritts

Es wird empfohlen, die Belege des Lernfortschritts eines Kindes, zum Beispiel erste Schreibversuche, Bilder und Zeichnungen sowie Fotos von Arbeitsergebnissen, in einer Portfolio-Mappe aufzubewahren und zu dokumentieren. Diese Sammlung kann später für die Kinder und Eltern im Sinne von Förderbögen und Entwicklungsprotokollen Anlass zu gemeinsamer Betrachtung und Freude sein, darüber hinaus aber auch Grundlage zum Beispiel für Elterngespräche anlässlich einer qualifizierten Beratung beim Übergang in die Grundschule.

Das nachfolgend zusammengestellte Kompetenz-Raster bietet für jeden Lernbereich Anhaltspunkte für die zu dokumentierenden Lernfortschritte. Alle Kompetenz-Raster der Reihe zusammengenommen ergeben eine umfassende Übersicht über die Kompetenzen, über die ein Kind im Idealfall vor dem Wechsel in die Grundschule verfügen sollte.

Die Dokumentationen sollten archiviert werden.

Mathematik

Kompetenz-Raster

Zählen und ordnen
⚀
Erster Kontakt mit Zahlen
Erstes spontanes Benutzen von Zahlen
⚁
Mengen vergleichen
In Ansätzen weiter als bis 10 zählen
Zahlen (Preise) im Rollenspiel anwenden
3 oder 4 Gegenstände zählen und dabei für jedes Objekt das richtige Zahlwort verwenden
Einzelne Zahlwörter und numerische Begriffe spontan verwenden
Gegenstände einander zuordnen
Mengen aus ein, zwei oder drei Objekten identifizieren
⚂
Zahlen in einer Spielsituation absichtsvoll gebrauchen
In Ansätzen weiter als bis 10 zählen
Zahlen in Alltagssituationen sachgerecht einsetzen
Sich mit Freude an Zählreimen und Liedern beteiligen
Zahlen mit Zeiten in Verbindung bringen
Bis zu 10 Objekte in unregelmäßiger Anordnung zählen
Erste Vorstellung von Addition und Subtraktion entwickeln
Zahlen in Gesprächssituationen anwenden
Einzelne Zahlwörter im Spiel korrekt anwenden
Selbstvertrauen im Umgang mit Zahlen zeigen
Zahlen von persönlicher Bedeutung erkennen
Bereitwilliger Versuch, etwas zu zählen (einige Zahlen in korrekter Abfolge)
⚃
Ziffern von 1 bis 5, dann von 1 bis 9 erkennen
Ausgehend von einer beliebigen Zahl zwischen 1 und 9 vor- und rückwärts zählen
Die Zahl, die um 1 größer ist als eine gegebene Zahl, sicher benennen
Bewegungsaktivitäten oder unbewegliche Objekte zählen
Bis zu 6 Gegenstände innerhalb einer größeren Anzahl von Objekten zählen
⚄
Interesse an numerischen Problemstellungen zeigen
Beginnen, Zahlen darzustellen (Zeigen mit Fingern, Linienführung auf Papier, bildliche Darstellung)
Das Prinzip des Teilens als mathematisch-rechnerischen Prozess erkennen
Zahlen schnell erfassen
Im Zahlenraum bis 100 zählen und schätzen
Durch Kommentare und Fragen aktives Lerninteresse an Zahlen zeigen

Mathematik

Kompetenz-Raster

In Ansätzen eine Verbindung herstellen zwischen Addition und dem Zusammenfügen von zwei Mengen sowie zwischen Subtraktion und dem Wegnehmen von Objekten
Zahlenfolgen erkennen und einsetzen
Über den Zahlenraum bis 10 hinaus zählen und schätzen
Zahlen größer als 10 in Spielzusammenhängen erfassen
Grundziffern von 1 bis 9 erkennen
In alltäglicher Situation zählen
Interesse an numerischen Problemstellungen zeigen
Zahlen im Jahreszeitenablauf anwenden
Zahlen im Zusammenhang mit der Uhrzeit verstehen
Durch Erkennen von Fehlern zunehmende Sicherheit im Umgang mit Zahlen zeigen

Messen

⚀

Erste Erfahrungen mit dem Fassungsvermögen unterschiedlich großer Behältnisse sammeln
Erste Erfahrungen mit Messungen und Schätzwerten sammeln

⚁

Vorstellungen von Zeitspannen entwickeln
2 Gruppen von Objekten vergleichen
Fassungsvermögen von bekannten Behältnissen mit Worten beschreiben
Begriffe wie „Fassungsvermögen" und „Volumen" in Alltagssituationen anwenden

⚂

2 oder 3 Objekte nach Länge ordnen
2 Objekte nach Länge oder Höhe anordnen
Objekte nach Gewicht oder Fassungsvermögen ordnen, dabei Begriffe wie „größer", „kleiner", „schwerer" oder „leichter" verwenden, um Quantitäten zu vergleichen
Zeitbegriffe „gestern", „heute" und „morgen" in Relation setzen

⚃

Größenbegriffe wie „groß" oder „klein" verwenden
Die Abhängigkeit von Volumen und Inhalt, Form oder Fassungsvermögen erkennen

⚄

Größen halbieren und vierteln
Zeitgefühl (lang – kurz) unter Belastung entwickeln
Sich entwickelnde Vorstellungen von mathematischen Konzepten und Verfahren zur Lösung praktischer Probleme nutzen
Eigene Lösungsverfahren für Probleme anwenden
Messverfahren erfinden
Ergebnisse von Experimenten messen

Mathematik

Kompetenz-Raster

Formen und Räume
⚀
Geometrische Formen wahrnehmen und damit umgehen
⚁
Größenbegriffe wie „groß" oder „klein" verwenden
Sich über eine längere Zeitspanne mit einer vorgegebenen Bauaktivität oder mit der Anordnung von Objekten beschäftigen
Räumliche Anordnungen umgangssprachlich beschreiben
Aktives Lerninteresse und Aufmerksamkeit zeigen durch Äußerungen zu geometrischen Formen, ihren Ähnlichkeiten und Unterschieden
Objekte anhand von Positions- und Richtungshinweisen finden
⚂
Mit mathematischen Begriffen zwei- und dreidimensionale Formen beschreiben
Einfache Muster erkennen, reproduzieren und beschreiben
Aktives Lerninteresse und Aufmerksamkeit zeigen durch Äußerungen zu geometrischen Formen, ihren Ähnlichkeiten und Unterschieden
Interesse an Raum- und Formenverständnis zeigen durch Spiel mit Formen im Anordnen bzw. Vergleichen von Objekten
Worte aufnehmen und verwenden, die Raumbeziehungen beschreiben
Formen erkennen, vergleichen und funktional einsetzen
⚃
Symmetrien erkennen und anfertigen; Muster gestalten
Einzelne Formen anhand von Ähnlichkeiten oder Ausrichtung erkennen und einander zuordnen
Beginnen, mathematische Bezeichnungen für „massive" dreidimensionale Körper und für zweidimensionale Flächen zu verwenden; mit mathematischen Begriffen Formen beschreiben
Formen und Materialien größengerecht anpassen oder zuschneiden
⚄
Interesse an Formen zeigen durch anhaltende Beschäftigung mit Bauelementen oder durch Äußerungen über Formen und Anordnungen
Vorstellungen von mathematischen Konzepten entwickeln
Eine geometrische Form entsprechend ihrer Bezeichnung erkennen und auswählen
Dreidimensionale Körper zusammensetzen
Zusammenhang zwischen Körper und (Ober-) Fläche erkennen

Mathematik

Themenbereiche

Themenbereiche: Zuordnung der Aktivitäten

Ernährung	Seite
Bananen wiegen	85
Café Hopsassa	40
Eine Gemüsesuppe kochen	68
Frühstücksschätz(ch)en	59
In der Pizzeria	99
Lieblingsspeisen	60
Wir kaufen ein	67

Familie	
Bärenhaus	26
Familienfotos	93
Lieblingssocken sortieren	27
Mein Würfelspiel	58
Mit der Familie unterwegs	77
Was ist in der Socke?	98
Zahlen im Alltag	51

Farben	
Bauen und konstruieren	92
Bunte Knete – selbst gemacht	39
Buntes Würfelspiel	74
Farbentisch	37
Farbentürme	38
Farben-Twister	50
Lieblingsfarben	28

Feste und Feiern	
Alles Gute zum Geburtstag!	20
Geburtstagsballons	33
Geburtstagskarten und -dekorationen	34
Geschenkpapier selbst gemacht	97
Osternester	57
Spannende Eiersuche zu Ostern	22
Tiger hat Geburtstag!	44
Weihnachtsladen	36
Wie viele Tage bis Weihnachten?	35

Formen	Seite
Collagen	94
Formen-Laden	104
Formen-Tauschbörse	105
Guck' da!	113
Ich sehe was, was du nicht siehst ...	106
Mosaike	115
Wir sind Roboter	114

Gesundheit	
Fitnesspunkte sammeln	29
Fitnesstraining	53
Große Schritte, kleine Schritte	82
Hindernisbahn	101
Werfen und Fangen	62
Zähneputzen nicht vergessen!	52
Zirkeltraining	89

Helfer im Alltag	
Besuch vom Postboten	46
Im Postamt	45
Wer hilft uns?	66

Ich bin ich	Seite
Mein persönliches Zählbuch	65
Meine Finger, meine Füße	64

Jahreszeiten	
Bären-Uhr	71
Herbstliche Fundsachen	90
Jahreszeiten-Uhr	69
Strandsouvenirs	43
Welche Kleidung für welche Jahreszeit?	54
Wie viele Blätter hängen am Baum?	70
Wir bauen ein Iglu	42

Mathematik

Themenbereiche

Themenbereiche: Zuordnung der Aktivitäten

Lernen mit Tieren	
Der Rechen-Tiger	55
Eine Wohnung für mein Stofftier	96
Große Tiere, kleine Tiere	87
Kreisspiel	48
Kuscheltiere zu Besuch	32
Mein Tier-Buch	56
Teddys an der Wäscheleine	47
Tiere im Sand und im Wasser	21
Tier-Krankenhaus	31
Zehn kleine Bären	49

Natur	
Bunte Sträuße	88
Fleißige Gärtner	75
Gartencenter	41
Gartenplan	100
Ich bin so groß wie diese Blume!	80
Klapp-Blumen	103
Mehr oder weniger Blumen?	61
Riesengroße Sonnenblumen	81

Reise und Verkehr	
Busfahrt	24
Richtig parken	23
Wie viele Räder?	73
Wie weit kann mein Auto fahren?	91

Spielen	Seite
Bären-Girlande	110
Einen Spielzeugladen einrichten	30
In welche Kiste passt das Tier?	107
Spielsachen-Muster	108
Unser Tiger frisst Zahlen!	72
Verstecken spielen	95
Würfel-Bingo	63

Wasser	
Eisfiguren	76
Leer, halb voll, voll	78
Wasserträger-Wettlauf	83
Wie viele Becher brauche ich?	86

Wetter	
Aktuelle Wetterkarte	84
Einen Drachen bauen	109
Regenwasser sammeln	79
Wettertabelle	25

Wohnen	
Formen-Lotto	112
Mein Haus	102
Puppenmöbel bauen	111

Kopiervorlagen

Kopiervorlagen	Seite
Teddys an der Wäscheleine	116
Zehn kleine Bären	117
Alles Gute zum Geburtstag!	118
Wie viele Tage bis Weihnachten?	119
Weihnachtsladen	120
Osternester	121
Tiger hat Geburtstag!	122
Buntes Würfelspiel	123
Farben-Twister	124
Mein Würfelspiel	125
Formen-Lotto (1)	126
Formen-Lotto (2)	127
Jahreszeiten-Uhr	128
Bären-Uhr	129
Spielsachen-Muster (1)	130
Spielsachen-Muster (2)	131
Bären-Girlande	132
Wettersymbole	133
Mit der Familie unterwegs	134
Würfel-Bingo	135

Mathematik

Feste und Feiern

Alles Gute zum Geburtstag!

Lernerfahrungen
- Geburtstage als Teil des Gruppenalltags erleben.
- Erfahren, wie besondere, wiederkehrende Ereignisse durch Feste und Feiern begangen werden.
- Erfahren, dass das Lebensalter voranschreitet, dass Geburtstage jährlich wiederkehren und dass die Kinder jedes Mal um ein Jahr älter werden.

Durchführung
- Bereiten Sie einen speziellen Geburtstagstisch in Ihrer Gruppe vor. Bedecken Sie ihn mit dem Tischtuch, dekorieren Sie ihn mit den Ballons und dem Geschenkband. Legen Sie die Geschenkpäckchen dazu.
- Fotokopieren Sie die Vorlage für die Ankündigung eines Geburtstages (S. 118), kolorieren Sie sie (gegebenenfalls laminieren) und befestigen Sie sie über dem Tisch.
- Stellen Sie sicher, dass eine Liste mit den Geburtstagen der Kinder an einem erreichbaren Ort zur Einsicht bereitliegt.
- Kleben Sie ein Foto eines jeden Kindes auf ein Pappschildchen (gegebenenfalls laminieren), legen Sie diese zusammen mit Klebeband in eine Schachtel auf den Tisch.
- Fotokopieren Sie die „Geburtstags-Medaille" auf Karton, stanzen Sie ein Loch hinein und fädeln Sie Geschenkband hindurch. Das Band sollte lang genug für eine Kette sein.
- Wenn eines der Kinder Geburtstag hat, wird es aufgefordert, in der Schachtel das eigene Foto zu finden und mit Klebeband an dem Schild mit der Ankündigung des Geburtstags zu fixieren.
- Das Kind erhält seine „Geburtags-Medaille", gegebenenfalls werden die Geburtstagskarten auf dem Tisch ausgelegt.
- Versammeln Sie die Kinder und erklären Sie ihnen, dass eines von ihnen heute Geburtstagskind ist.
- Singen Sie ein Geburtstagslied und klatschen Sie anschließend für jedes Lebensjahr in die Hände. Zählen Sie dabei gemeinsam mit den Kindern. Zum Schluss kann als Extra-Glückwunsch ein weiteres Mal in die Hände geklatscht werden.
- Zeigen Sie dann den „Geburtstagskuchen" mit den brennenden Kerzen. Erinnern Sie das Geburtstagskind daran, sich etwas zu wünschen, bevor es die Kerzen ausblasen darf.

Vertiefung
- Alle Teammitglieder sollten sich an dem Ablauf der Geburtstagsfeiern beteiligen, auch wenn kleine Veränderungen an der Routine vorgenommen werden. Stellen Sie in Ihrer Gruppe einen Arbeitstisch bereit, an dem die Kinder in freien Minuten Geburtstagskarten anfertigen können.

- Geburtstagstisch mit einer festlichen Tischdecke
- Luftballons, aufgeblasen
- Päckchen, eingepackt in buntem Geschenkpapier
- Vorlage von S. 118 (Geburtstagsankündigung) und die „Geburtstags-Medaille"
- Filzstifte
- transparente Klebefolie
- Liste mit den Geburtstagen der Kinder
- Fotos der Kinder
- Schachtel für Fotos
- Klebeband
- Streichhölzer (Aufbewahrung an einem sicheren Ort)
- Locher
- Geschenkband
- bunte Keksdose, dekoriert mit dicken Kerzen (oder Kuchen mit Kerzen, ggf. bei Eltern erbitten)
- ggf. (gesammelte oder gebastelte) Geburtstagskarten

! Das Entzünden von Kerzen und Streichhölzern in Anwesenheit von Kindern erfordert Umsicht.

! Achten Sie auf möglicherweise gegebene Lebensmittelallergien (besonders gegen Nüsse).

Zählen und ordnen — Mathematik

Tiere im Sand und im Wasser

Lernen mit Tieren

⏱ 20   👥 2–4   ⚁

Lernerfahrungen
▶ Bis 10 zählen.
▶ Ein einfaches rechnerisches Problem lösen, zum Beispiel:
  Wenn von vier Tieren eines wegläuft – wie viele bleiben übrig?
▶ In einer Kleingruppe arbeiten und Spielmaterial teilen.

→ Auswahl von Plastiktieren
→ Plastikschale
→ Sand
→ Kanne für Wasser
→ Lebensmittelfarbe
→ Kieselsteine

Durchführung
▶ Füllen Sie die Plastikschale mit Sand, Kieselsteinen und Wasser.
▶ Stellen Sie einige Plastiktiere – zum Beispiel Elefanten, Krokodile, Zebras und Kamele – in die Plastikschale.
▶ Arbeiten Sie an der Schale mit einer Kleingruppe. Stellen Sie Fragen: *Wie viele Elefanten könnt ihr zählen? – Könnt ihr ein Loch schaufeln, in das vier Kamele hineinpassen? – Könnt ihr einen Fluss ausgraben, in dem ein Krokodil schwimmen kann?*
▶ Das Spiel mit Wasser wird besonders interessant und spannend, wenn das Wasser mit Lebensmittelfarbe gefärbt wird.

Vertiefung
▶ Geben Sie den Kindern für ihr Spiel ein Thema vor, zum Beispiel: *Könnt ihr eine Burg für den Elefanten bauen? – Könnt ihr für die Zebras einen Spielplatz einrichten? – Was braucht ihr dazu? – Zählt die Teile, die ihr dazu verwendet habt.*

Mathematik — Zählen und ordnen

Feste und Feiern

⏱10 | 👥 alle | 🎲

Spannende Eiersuche zu Ostern

Lernerfahrungen
▶ Bis zu 10 Eier finden und zählen.
▶ Erste Schritte, Mengen zu schätzen.
▶ Sich gegenseitig bei der Eiersuche helfen.

Durchführung
▶ Richten Sie in Ihrer Gruppe mit den Requisiten einen Ostertisch her, um die Kinder auf das bevorstehende Osterfest einzustimmen. Erklären Sie gegebenenfalls Kindern, die das Osterfest nicht kennen, was bei diesem Fest im Mittelpunkt steht.
▶ Versammeln Sie die Kinder Ihrer Gruppe am Tag der geplanten Eiersuche im Vorraum, zeigen Sie ihnen das elfte einer Reihe gleichfarbener Plastikeier und teilen Sie ihnen mit, dass im Gruppenraum zehn weitere Eier dieser Farbe versteckt sind. Fragen Sie die Kinder: *Könnt ihr zehn Eier finden, die so aussehen?* Gehen Sie dann mit ihnen in den Gruppenraum.
▶ Vorab wurden die Eier im Gruppenraum versteckt, die Eiersuche kann sofort beginnen.
▶ Die Suche kann gegebenenfalls auch im Außenbereich stattfinden. Suchen Sie sichere Plätze für die Verstecke aus, damit die Eier nicht vom Wind davongeblasen werden, zum Beispiel das Innere großer Spielzeugfahrzeuge oder Zwischenräume zwischen Blumentöpfen.

Vertiefung
▶ Geben Sie zwei Kindern Geschenkeier aus Pappe, die Sie zuvor mit Spielwürfeln unterschiedlicher Anzahl (maximal zehn, je nach Größe der Eier) gefüllt haben. Bitten Sie die Kinder, sich vorzustellen, die Würfel seien Schokoladeneier. Lassen Sie sie schätzen, wer die meisten Schokoeier in seinem Papp-Ei hat. Jedes Kind zählt anschließend seine Würfel nach, um zu überprüfen, ob die Schätzung korrekt war.
▶ Legen Sie die Eier auf Ihren Ostertisch, damit die Kinder sie sehen können und an ihre Lernerfahrung erinnert werden.

→ bunte Plastikeier, je 11 von einer Farbe
→ 10 Geschenkkartons in Eiform, wie sie vor Ostern meist im Fachhandel erhältlich sind
→ mehrere Spielwürfel
→ ggf. Stoff-Osterhase
→ ggf. Stoff-Osterküken
→ gebastelte Osterkarten
→ ggf. Vase mit Osterglocken

Richtig parken

Reise und Verkehr

⏱ 25 | 👤 2–4 | ⚁

Lernerfahrungen
▶ Die Bedeutung von Kennzeichen für das Ordnen von Gegenständen erfahren.

Vorbereitung
▶ Im Außenbereich wird mit Straßenkreide eine Straße aufgezeichnet, auf der die Kinder in ihren Spielfahrzeugen fahren können. An geeigneter Stelle wird eine Parkfläche mit genügend Parkplätzen für die Fahrzeuge der Gruppe eingezeichnet. Jedes Spielfahrzeug wird mit einem Kennzeichen (zum Beispiel: Blume, Baum, Hund oder Ähnliches) versehen, korrespondierend dazu erhalten die Parkplätze Kennzeichen.

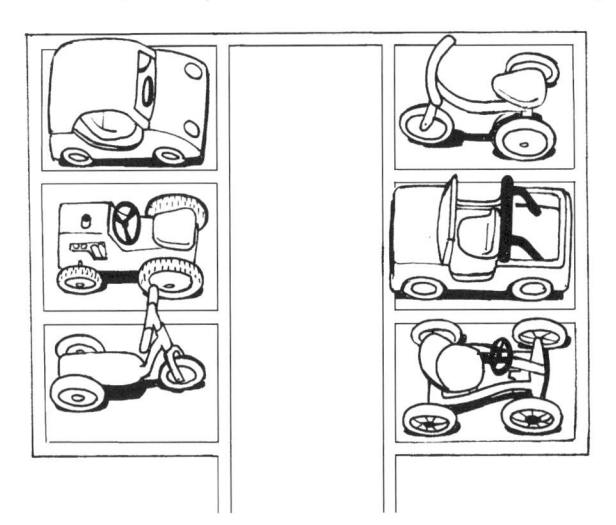

➡ Spielfahrzeuge (Bobby-Car, Dreiräder, Roller etc.)
➡ Straßenkreide
➡ Aufkleber mit Kennzeichen (Bilder o. Ä.)
➡ ggf. Außenbereich

Durchführung
▶ Räumen Sie den Kindern regelmäßig Zeit und Gelegenheit zum Spiel auf der aufgemalten Straße und dem Parkplatz ein.
▶ Geben Sie den Kindern die Aufgabe, auf die Kennzeichen ihrer Fahrzeuge zu achten und auf dem dazugehörigen Parkplatz zu parken.
▶ Diese Übung kann in ein Spiel eingebettet werden: Die Kinder bewegen sich mit ihren Fahrzeugen auf der Spielstraße, der Erwachsene ruft als Signal *Parken!* und die Kinder suchen dann den Parkplatz mit ihrem Kennzeichen.

Vertiefung
▶ Regen Sie die Kinder dazu an, aus dem Fenster zu schauen und auf die Farben (oder Marken) der vorbeifahrenden Autos zu achten.
▶ Falls die Eltern der Kinder ein Auto besitzen – Welche Farbe (oder Marke) hat es? Lassen Sie die Kinder die beliebteste Autofarbe (oder Marke) herausfinden.

Variation
▶ Lassen Sie die Kinder von ihren Erfahrungen erzählen:
Waren sie schon einmal in einem Parkhaus?
Wie viele Stockwerke hatte es? Wie viele Parkplätze gab es?

Mathematik | Zählen und ordnen

Reise und Verkehr

Busfahrt

Lernerfahrungen
▶ Personen für Sitzplätze im Bus zählen.
▶ Im Rollenspiel mit Zahlen umgehen und numerische Begriffe verwenden.

Durchführung
▶ Das Zubehör für dieses Rollenspiel kann in einer Kiste aufbewahrt werden, sodass die Kinder jederzeit selbst einen Bus einrichten können. Auf diese Weise erhalten sie Gelegenheit, selbstständig Stühle für die Sitzplätze aufzustellen.
▶ Klären Sie mit den Kindern vorab, wie ein Bus von innen aussieht (Sitze zum Beispiel entlang eines Mittelgangs angeordnet).
▶ Falls weitere Kinder am Spiel teilnehmen möchten, muss Platz für die neuen Fahrgäste geschaffen werden. Wenn der Bus schon voll besetzt ist, könnten einige Passagiere aussteigen oder es können mehr Stühle dazugestellt werden, um den Bus zu verlängern.
▶ Der Busfahrer hat die Aufgabe, das Fahrgeld entgegenzunehmen und zu fahren.

Vertiefung
▶ Lassen Sie die Kinder überlegen, wie aus dem Bus ein anderes Transportmittel werden kann: Wie muss der Bus umgebaut werden, wenn ein Zug oder Flugzeug daraus werden soll?

Variation
▶ Die Kinder können von ihren eigenen Erfahrungen mit Busfahrten erzählen, oder sie können abgelaufene Bus- oder Zugfahrkarten von zu Hause mitbringen, die sie für ihr Spiel verwenden können.

- Plastikdose mit Spielgeld (oder Münzen)
- ggf. Mütze für den Busfahrer sowie weitere Hüte, Mützen und Taschen für die Fahrgäste
- Stühle
- Kisten
- rundes Tablett als Steuerrad

Zählen und ordnen

Mathematik

Wettertabelle

Wetter

⏱ 10 | 👤 alle | 🎲

Lernerfahrungen
▶ Einfache Dokumentation von Zahlen kennen lernen.
▶ In Zusammenarbeit eine Gruppentabelle erstellen.
▶ Eine einfache Tabelle auswerten.

Durchführung
▶ Fragen Sie die Kinder nach ihrem Lieblingswetter. Kündigen Sie an, dass heute eine Tabelle angefertigt wird, die das beliebteste Wetter anzeigt.
▶ Besprechen Sie mit den Kindern die Wettersymbole. Die Sonne steht für warmes Wetter, die Wolke mit den Regentropfen für Regenwetter, der Schneemann für Schnee usw.
▶ Zeichnen Sie auf den Karton eine vertikale Achse und eine horizontale Achse mit den verschiedenen Wettersymbolen.
▶ Unter Verwendung der Kopiervorlage auf S. 33 werden die Symbole auf dünnen Karton kopiert und ausgeschnitten. Versehen Sie die Rückseiten mit haftendem Material (Klebebandröllchen, Klettband oder Ähnliches).
▶ Fordern Sie die Kinder auf, das Symbol auszuwählen, das ihr bevorzugtes Wetter repräsentiert, und es in die entsprechende Spalte der Tabelle zu kleben.

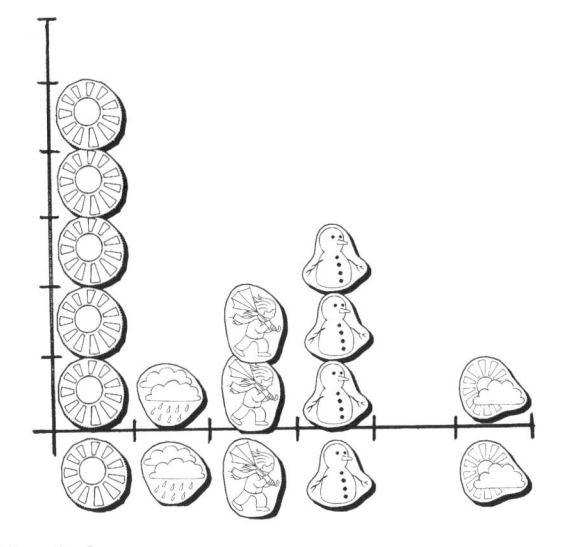

⇒ großformatiger Karton
⇒ selbst gefertigte Wettersymbole (Kopiervorlage auf S. 33)
⇒ Klebebandröllchen oder Klettband
⇒ schwarzer Filzstift
⇒ Schere

Vertiefung
▶ Wenn die Tabelle vollständig ist, werden die Kinder dazu angeleitet, aus den dargestellten Informationen Schlüsse zu ziehen: Wie viele Kinder mögen warmes Wetter? – Wie viele Kinder bevorzugen Schnee? – Wie viele Kinder mögen Regenwetter? – Welches ist das beliebteste Wetter? – Welches Wetter ist am wenigsten beliebt?

Variationen
▶ Regen Sie die Kinder an, herauszufinden, welches Wetter ihre Eltern besonders bevorzugen.
▶ Es können auch andere Beliebtheitsskalen erstellt werden, zum Beispiel: *Welcher Monat ist dein Lieblingsmonat?*

Mathematik — Zählen und ordnen

Familie

Bärenhaus

Lernerfahrungen
- In einem Rollenspiel selbstständig mit Zahlen umgehen.
- Alltagsgegenstände zählen (zum Beispiel drei Löffel, zwei Schalen).
- In kleinen Gruppen zusammenarbeiten.

- Geschichte von Goldlöckchen und den drei Bären (Angebote in verschiedenen Verlagen)
- 1 Tisch
- 3 Teddybären
- 3 Teller
- 3 Tassen
- 3 Schalen
- 3 Löffel, 3 Messer und 3 Gabeln
- ggf. Plastiknachbildungen von Lebensmitteln
- ggf. Verpackungen von Teebeuteln, Frühstücksflocken, Eiern

Durchführung
- Versammeln Sie die Kinder vor sich und lesen Sie ihnen die Geschichte von Goldlöckchen und den drei Bären vor. Fordern Sie sie auf, mit den Fingern zu zeigen, wie viele Bären in der Geschichte vorkommen.
- Erklären Sie den Kindern, dass Sie in der Rollenspielecke ein Haus für drei Bären einrichten werden. Erstellen Sie eine Liste mit Dingen, mit denen die Kinder die Küche ausstatten wollen.
- Wählen Sie eine Gruppe freiwilliger Helfer, um das Bärenhaus aufzubauen.
- Stellen Sie im Haus einen Tisch auf und geben Sie den Kindern die Aufgabe, den Tisch für die drei Bären zu decken. Stellen Sie das Küchenzubehör dafür bereit.

Vertiefung
- Regen Sie die Kinder an, die Geschichte von Goldlöckchen und den drei Bären nachzuspielen, indem sie im Spiel Haferbrei kochen und dann zu einem Waldspaziergang aufbrechen.
- Bringen Sie Zahlen in die Geschichte ein, zum Beispiel mit Sätzen wie *Der kleine Bär war fünf Jahre alt. – Er hatte vier gute Freunde.*

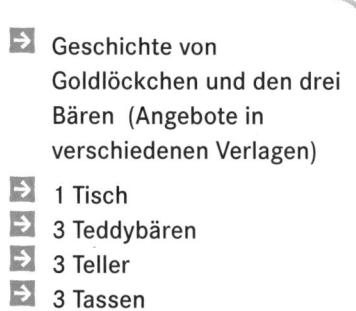

Zählen und ordnen · Mathematik

Lieblingssocken sortieren

Familie

⏱ 10 | 👤 alle | ⚂

Lernerfahrungen
▶ Zwei Gruppen von Gegenständen vergleichen; mitteilen, wenn zwei Mengen die gleiche Anzahl haben.
▶ Gegenstände nach Farbe, Muster und Größe zu Zweierpaaren ordnen.
▶ Gegenstände zählen.
▶ Numerische Begriffe verwenden, zum Beispiel *eins, zwei, viele, Hunderte, wie viele?*
▶ Begriffe für Größen verwenden.

➡ Socken unterschiedlicher Größe und Farbe
➡ Wasserbecken
➡ Waschmittel
➡ Wäscheleine
➡ Wäscheklammern

Durchführung
▶ Versammeln Sie die Kinder in einem Sitzkreis und legen Sie eine große Auswahl von Socken in die Mitte.
▶ Lassen Sie die Kinder beim Sortieren der Socken zusammenarbeiten.
▶ Geben Sie dabei Impulse wie: *Wie viele Socken sind es insgesamt? – Wie viele Socken gehören zu einem Paar? – Wie viele Paare hast du gefunden? – Wie viele blaue Sockenpaare gibt es?* oder *Wie viele Sockenpaare sind pinkfarben mit schwarzen Tupfen?*
▶ Verwenden Sie Begriffe für Größen, zum Beispiel: *Das sind sehr große Socken. Ich möchte wissen, wem die passen. – Das sind aber kleine Socken. Wem die wohl gehören?*
▶ Fordern Sie die Kinder auf, einen Spielpartner zu finden und bei der nächsten Gelegenheit, wenn sie mit Stofftieren spielen, gleiche Tiere in Paaren anzuordnen.

Vertiefung
▶ Veranstalten Sie mit den Kindern einen Waschtag und waschen Sie die Socken im Wasserbecken. Lassen Sie die Kinder dabei helfen, das Becken mit Wasser zu füllen. Regen Sie sie dazu an, zu schätzen, wie viele Eimer voll Wasser sie brauchen werden.
▶ Fordern Sie die Kinder auf, Ihnen beim Aufhängen der Socken zu helfen. Lassen Sie sie schätzen, wie viele Wäscheklammern dafür nötig sind.

Variation
▶ Bitten Sie die Eltern, alte Socken, die nicht mehr gebraucht werden, zu spenden. Diese Socken können für die Aktivität verwendet werden, eignen sich aber auch zur Fertigung von Handpuppen.

Mathematik

Zählen und ordnen

Farben

Lieblingsfarben

Lernerfahrungen
- Farben erkennen, zuordnen und zählen.
- Beobachten, welche Farben in der Gruppe getragen werden, und Ergebnisse anhand eines einfachen Schaubildes darstellen.
- Mathematische Begriffe wie *zählen* und *Wie viele insgesamt?* kennen lernen.
- Weiter als bis 10 zählen.

Durchführung
- Teilen Sie einen Elternbrief aus, in dem Sie darüber informieren, welchen Tag Sie dem Thema „Farben" widmen wollen. (An diesem Tag sollten auch alle Teammitglieder ihre Lieblingsfarben tragen.)
- Bilden Sie einen Sitzkreis und legen Sie die Gymnastikreifen in die Mitte.
- Fordern Sie alle Kinder in roter Kleidung auf, in einen Reifen zu springen. Geben Sie den Kindern die Aufgabe, zu zählen, wie viele Kinder rote Sachen anhaben. Wiederholen Sie diese Aufgabe mit den anderen Farben.
- Zeichnen Sie auf den Plakatkarton mit einem dicken schwarzen Filzstift mehrmals den Umriss eines Tellers, um die Gymnastikreifen darzustellen.
- Markieren Sie jeden Umriss mit einer der Farben, die die Kinder tragen.
- Geben Sie jedem Kind einen Aufkleber mit dem Auftrag, sich selbst in seiner Lieblingsfarbe zu malen.
- Helfen Sie den Kindern, ihre Aufkleber in den entsprechenden Umriss auf dem Plakatkarton zu kleben.
- Lassen Sie die Kinder zählen, wie viele Kinder in welche Farbe gekleidet sind.

Vertiefung
- Versammeln Sie die Kinder im Sitzkreis und fragen Sie sie der Reihe nach, welche Farbe sie tragen.
- Fordern sie einzelne Kinder auf, im Raum einen Gegenstand derselben Farbe zu finden.
- Regen Sie die Kinder zu weiterführenden Überlegungen bezüglich zu suchender Objekte an: Muss es sich um einen Gegenstand handeln?

Variationen
- Fordern Sie die Kinder auf, herauszufinden, wie viele rote (oder grüne, blaue etc.) Sachen sie im Gruppenraum finden können.
- Welche Farbe hat das Auto, das ihrer Familie gehört? Hat die Familie eines ihrer Freunde ein Auto in derselben Farbe?

- Elternbrief: Bitte, die Kinder an einem bestimmten Tag in ihre Lieblingsfarben gekleidet kommen zu lassen. (Die Auswahl ggf. auf bestimmte Farben beschränken, zum Beispiel Rot, Grün, Blau, Gelb, Orange, Pink.)
- mehrere Gymnastikreifen, in die die Kinder hineinspringen können
- großformatiger Plakatkarton
- Teller als Umriss-Schablone
- Blanko-Aufkleber
- ein dicker, schwarzer Filzstift
- bunte Filzstifte
- Gegenstände im Gruppenraum in derselben Farbgebung wie die Kleidung der Kinder

Fitnesspunkte sammeln

Gesundheit

Lernerfahrungen
- Leistungen dokumentieren.
- Über 10 hinaus zählen.
- Anreize zu einem aktiven und gesunden Lebensstil bekommen.
- Ein Punktesystem für sportliche Aktivitäten kennen lernen (zum Beispiel: für einmal Schwimmen gibt es 2 Fitnesspunkte).

Durchführung
- Versammeln Sie die Kinder vor sich und ermuntern Sie sie, von ihren sportlichen Aktivitäten außerhalb der Einrichtung zu erzählen. Vielleicht spielen sie Fußball im Park, gehen schwimmen, fahren zum Turnen oder zum Trampolinspringen?
- Regen Sie die Kinder an, darüber nachzudenken, an welchen Bewegungsaktivitäten sie sich in der Gruppe beteiligen, zum Beispiel auf den Kinderrädern fahren oder bei den Spielen in der Pausenhalle mitmachen.
- Zeigen Sie den Kindern die Tabelle mit den Fitnesspunkten. In der linken äußeren Spalte sind die Namen der Kinder in Druckbuchstaben (falls die Kinder ihre Namen noch nicht lesen können, mit Fotos arbeiten) aufgeführt. In die horizontalen Reihen sollen die gesammelten Punkte (zum Beispiel „Smileys") aufgeklebt werden.
- Besprechen Sie mit den Kindern das Punktesystem und erklären Sie ihnen, dass sie umso mehr Fitnesspunkte sammeln können, je intensiver sie sich sportlich betätigen (Schwimmen könnte zwei „Smileys" einbringen, während Spazierengehen nur einen „Smiley" wert ist).
- Belohnungssystem: eine vereinbarte Anzahl gesammelter Fitnesspunkte (Smileys) wird belohnt. Stellen Sie die Belohnungen vor, die beispielsweise bei zehn Fitnesspunkten (Smileys) warten.

Vertiefung
- Ergänzen Sie die Punktetabelle mit Bildern von sportlichen Aktivitäten. Hängen Sie die Tabelle in Augenhöhe der Kinder auf, sodass sie ihre Fitnesspunkte zählen können.
- Kommen Kinder morgens in die Gruppe und erzählen, dass sie am Vortag zum Schwimmen gewesen sind, sollten sie unmittelbar durch das Aufkleben von zwei Smileys in die Tabelle belohnt werden.

Variationen
- Informieren Sie die Eltern, dass Sie im Kontext der mathematischen Grundbildung ein Belohnungssystem zur Unterstützung eines gesunden Lebensstils einführen werden. Dieses System kann auch über die Gruppe hinaus wirken, wenn zum Beispiel die Kinder ihre Eltern bitten, in Zukunft zu Fuß statt im Auto zur Einrichtung gebracht zu werden.
- Ein vergleichbares Punktesystem kann auch geeignet sein, die Ausbildung anderer gewünschter Verhaltensweisen zu unterstützen.

→ ansprechende Aufkleber (zum Beispiel „Smileys")
→ großformatiger Plakatkarton
→ Bilder und Fotos von den Kindern während sportlicher Aktivitäten

Mathematik · Zählen und ordnen

Spielen

Einen Spielzeugladen einrichten

- Auswahl an Spielsachen
- Spielgeld (Münzen)
- 2 Tische
- ggf. Kasse
- Karton im Format DIN A4, auf die Hälfte gefaltet
- dicker Filzstift
- ggf. Kamera

Lernerfahrungen
- ▶ Zahlen im Rollenspiel anwenden.
- ▶ Mit Geld umgehen.
- ▶ Begriffe gebrauchen, die in einem Geschäft üblich sind.

Durchführung
- ▶ Die Kinder legen die Spielsachen auf den Tischen aus. Leiten Sie sie an, die Spielzeuge zu sortieren: möglich sind Einteilungen nach Arten, Größen oder Ähnlichem. Sollen alle Stofftiere auf einem Tisch liegen und die anderen Spielsachen, etwa Modellautos oder Bauklötze, auf dem anderen Tisch?
- ▶ Lassen Sie die Kinder die Stofftiere, Modellautos etc. zählen.
- ▶ Malen Sie auf DIN-A4-Karton für jede Gruppe von Spielzeugen ein Schild mit einer bestimmten Anzahl von Kreisen, die bezeichnen, wie viele Münzen ein Kind bezahlen muss, wenn es eines dieser Spielzeuge kaufen will. Erklären Sie den Kindern, was die Schilder bedeuten.
- ▶ Stellen Sie den Kindern Fragen: *Wie viele Münzen kostet der Teddy? – Kostet der Ball mehr als das Auto?*
- ▶ Spielen Sie die Verkäuferin oder den Verkäufer oder bestimmen Sie ein Kind als Verkäufer/-in. Verteilen Sie die Münzen an die übrigen Kinder und lassen Sie sie im Spielzeugladen einkaufen.

Vertiefung
- ▶ Fotografieren Sie die Kinder während ihres Rollenspiels im Spielzeugladen. Stellen Sie die Fotos aus – die Kinder werden sie mit Vergnügen anschauen, und die Eltern werden ihnen viel Interesse entgegenbringen.
- ▶ Nach Abschluss der Aktivität sollten die Kinder angeregt werden, miteinander über ihr Spiel zu sprechen und davon zu erzählen, welche Rolle sie übernommen haben (zum Beispiel Verkäufer oder Kunde).

Variation
- ▶ Es könnte für die Kinder spannend sein, herauszufinden, mit welchen Spielsachen ihre Eltern gespielt haben, als sie selbst Kinder waren. Es kann auch interessant sein, zu vergleichen, wie alt diese Spielsachen im Vergleich zu dem Spielzeug der Kinder heute sind.

Zählen und ordnen   Mathematik

Tier-Krankenhaus

Lernen mit Tieren

⏱ 20   👤 2–4   ⚃

Lernerfahrungen
▶ Sicher bis 10 zählen.
▶ Im Rollenspiel zählen und nachzählen.
▶ Bandagen unterschiedlicher Länge handhaben und einordnen bzw. beurteilen: *Dieser Verband ist für Teddys Kopf zu lang.*

→ 10 Stofftiere
→ 10 Kissen
→ ggf. weiße Oberhemden
→ großformatige Karteikarten
→ dicker Filzstift
→ Bandagen in unterschiedlicher Länge (ein altes Laken, in Streifen geschnitten)
→ Arztkoffer

Durchführung
▶ Richten Sie ein Tier-Krankenhaus für zehn Stofftiere ein und lassen Sie sich von den Kindern mittels kleiner Aufgaben dabei helfen.
▶ Notieren Sie auf großformatigen Karteikarten Fragen, die den Erwachsenen die Interaktion mit den Kindern im Rollenspiel erleichtern, zum Beispiel: *Wie viele Patienten sind heute im Krankenhaus? – Wie viele Patienten haben sich am Kopf verletzt? – Wie viele Patienten haben Verletzungen an den Armen oder Beinen?*
▶ Arbeiten Sie gemeinsam mit den Kindern und helfen Sie ihnen dabei, für eine bestimmte Verletzung den passenden Verband zu finden. Zum Beispiel kann für einen Kopfverband eine längere Bandage nötig sein als für das Verbinden eines Arms.
▶ Zum Abschluss der Aktivität erhalten die Kinder den Auftrag, aufzuräumen und alle weißen Hemden an ihren Haken aufzuhängen sowie sicherzustellen, dass jeder „Patient" sein eigenes Kissen hat und für die kommende Nacht bequem untergebracht ist.

Vertiefung
▶ Zeigen Sie den Kindern, wie man beim Zählen eine Strichliste führt.

Mathematik   Zählen und ordnen

Lernen mit Tieren

⏱ 45 | 👥 alle | 🎲

- ➔ Elternbrief
- ➔ Plakatkarton
- ➔ viereckige Blanko-Aufkleber
- ➔ Buntstifte
- ➔ Schminkfarben
- ➔ von den Kindern mitgebrachte Stofftiere

Kuscheltiere zu Besuch

Lernerfahrungen
- ▶ In der Gruppe feststellen und zuordnen, welche Tiere mitgebracht wurden.
- ▶ Den Gebrauch mathematischer Begriffe erfahren, zum Beispiel: *zählen; Wie viele sind es insgesamt?*
- ▶ Erste Schritte, weiter als bis 10 zu zählen.

Vorbereitung
- ▶ Versenden Sie einen Elternbrief, in dem Sie über die geplanten Aktivitäten informieren. Formulierungsvorschlag:
  *Liebe Eltern,
  zurzeit lernen und arbeiten wir zum Thema „Tiere". Wir wären sehr dankbar, wenn Sie es Ihrem Kind erlauben würden, morgen eines seiner Stofftiere mitzubringen – besonders gern einen Tiger, ein Zebra oder einen Bären.*
- ▶ Nehmen Sie die Stofftiere der Kinder in Verwahrung, indem Sie sie an einer Wäscheleine im Raum aufhängen. Auf diese Weise können die Kinder ihre Stofftiere sehen und müssen nicht befürchten, dass sie verloren gehen.

Durchführung
- ▶ Geben Sie den Kindern ihre Stofftiere wieder und versammeln Sie sie in einem Sitzkreis. Die Kinder halten ihre Stofftiere im Schoß.
- ▶ Lassen Sie die Kinder herausfinden, welche verschiedenen Tiere mitgebracht worden sind.
- ▶ Fordern Sie die Kinder auf, aufzustehen, wenn sie einen Tiger mitgebracht haben.
- ▶ Gehen Sie um den Sitzkreis herum und zählen Sie dabei die betreffenden Kinder. Sagen Sie dann zum Beispiel: *Wir haben heute vier Tiger zu Besuch.*
- ▶ Zählen Sie alle anderen Stofftiere, die mitgebracht worden sind, auf dieselbe Weise.
- ▶ Eventuell können Sie zum Schluss die Frage stellen: *Wie viele Tiere sind heute insgesamt hier?*
- ▶ Zeichnen Sie ein Raster auf einen Plakatkarton und zeichnen Sie die verschiedenen Tiere auf der linken Seite untereinander auf.
- ▶ Fordern Sie die Kinder auf, ihr eigenes Gesicht auf einen Aufkleber zu malen und ihn mit Ihrer Hilfe in die entsprechende Reihe zu kleben. Wenn ein Kind zum Beispiel einen Tiger mitgebracht hat, klebt es seinen Aufkleber in die Reihe für Tiger.
- ▶ Wenn die Tabelle fertig ist, zählen die Kinder mit Ihrer Unterstützung die Aufkleber.
- ▶ Setzen Sie das Thema „Tiere" gegebenenfalls mit einer Schminkaktion am Nachmittag fort.

32 Zählen und ordnen

Mathematik

Geburtstagsballons

Feste und Feiern

Lernerfahrungen
- Den persönlichen Geburtsmonat kennen.
- Erfahren, dass Geburtstage zu den Festen gehören, die in jedem Jahr gefeiert werden.
- Die Anzahl der Kinder feststellen, die in demselben Monat Geburtstag haben.

Vorbereitung
- Schneiden Sie zwölf etwa gleich große Ballons aus dem Fotokarton aus.
- Knoten Sie ein Stück Schnur an das untere Ende der Ballons.
- Kleben Sie auf jeden Ballon ein Symbol für den Monatsnamen.

Durchführung
- Zeigen Sie den Kindern die Ballons und sprechen Sie dabei laut die Namen der Monate zu den Symbolen im Jahresverlauf.
- Fordern Sie die Kinder auf, darüber nachzudenken, in welchem Monat sie Geburtstag haben. Manche Kinder haben eine recht genaue Vorstellung davon, so zum Beispiel, wenn ihr Geburtstag kurz vor Weihnachten oder in der heißen Jahreszeit liegt. Bei Kindern, die ihren Geburtstagsmonat nicht kennen, wird die Geburtstagsliste zu Rate gezogen.
- Die Kinder kleben ihr Foto (gegebenenfalls mit Unterstützung) auf den Ballon mit ihrem Geburtsmonat.
- Sie können die Ballons laminieren, damit sie länger halten. Fixieren Sie die Ballons in einer horizontalen Linie, damit die Kinder erkennen können, dass die Monate aufeinander folgen.

Vertiefung
- Alle Teammitglieder sollten ebenfalls einen eigenen Aufkleber auf den entsprechenden Ballon kleben.
- Die Ballons sind Anlass für Fragen, die die Kinder zum Zählen anregen. Beispiele: *Wie viele Kinder haben im Januar Geburtstag? – In welchem Monat sind die meisten Geburtstage?*
- Das Zählen kann unterstützt werden, indem die Kinder die Ballons mit den Fingern berühren.

Variation
- Ermuntern Sie die Kinder, die Geburtsmonate ihrer Familienangehörigen herauszufinden: *Hat jemand in der Familie in demselben Monat Geburtstag wie du?*

- 12 großformatige Bogen Fotokarton in leuchtenden Farben
- Schnur
- Klebeband
- Symbole für die Monate, auf einzelne Karten gezeichnet oder geklebt
- Fotos von jedem Kind und jeder Mitarbeiterin/jedem Mitarbeiter

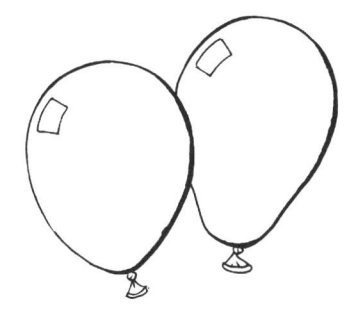

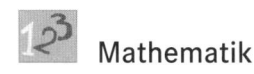

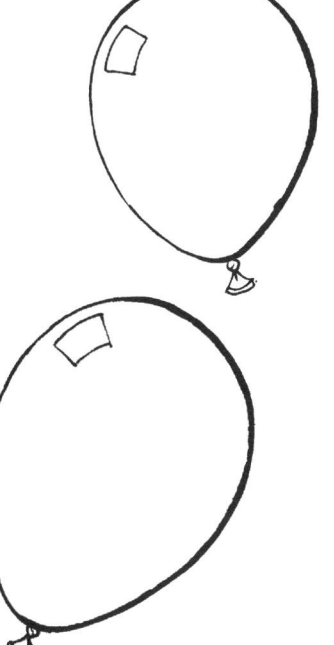

Mathematik — Zählen und ordnen

Feste und Feiern

⏱ 25 👥 2–4 🎲

Geburtstagskarten und -dekorationen

- 1 Tafel
- ggf. Stellwände
- weiße Tapetenrollen
- Heftklammern
- Tacker
- Plakatfarben
- 2 Tische
- Geburtstagskarten
- Geschenkpapier
- Kasse
- Spielgeld oder Münzen
- Ballons
- Karton im Format DIN A4
- Briefumschläge
- großformatiges Tonpapier
- Filzstifte

Lernerfahrungen
- In einem Rollenspiel selbstständig mit Zahlen umgehen.
- Erfahren, dass Geburtstage durch Geschenke, Partys und Versenden von Geburtstagskarten gewürdigt werden.
- In einem Rollenspiel mit Geld umgehen.

Durchführung
- Versammeln Sie die Kinder vor sich und fragen Sie sie, was ihrer Ansicht nach in einem Geschenkartikelladen zu kaufen ist. Zeichnen Sie die Antworten als Liste auf die Tafel oder ein großes Stück weiße Tapete: *Wie viele Verkaufsartikel fallen euch ein?*
- Wählen Sie eine Gruppe freiwilliger Helfer aus und richten Sie ein Geschäft für Geburtstagskarten und -dekorationen ein.
- Trennen Sie mit Hilfe der Stellwände einen Raumbereich ab und befestigen Sie mit Heftklammern weiße Tapete an den Innenseiten.
- Geben Sie den Kindern den Auftrag, das Papier mit Luftballons zu bemalen, zum Beispiel drei rote Ballons, zwei blaue Ballons usw.
- Stellen Sie im vorderen Bereich des Ladens einen Tisch auf und legen Sie die Geburtstagskarten, das Geschenkpapier und das Spielgeld darauf. Stellen Sie die Kasse dazu. Dekorieren Sie den Tisch mit den Ballons.
- Im hinteren Teil des Ladens wird ein Tisch bereitgestellt, an dem die Kinder Geburtstagsartikel wie Karten, Girlanden oder Fähnchen basteln können.

Vertiefung
- Vorbereitete Karten mit Fragen können den beteiligten Erwachsenen die Interaktion mit den Kindern im Rollenspiel erleichtern, zum Beispiel: *Wie viele Münzen kosten die Geburtstagskarten? – Wie viele Ballons sind zu verkaufen? – Kann ich eine Girlande kaufen?*

Variation
- Ermuntern Sie die Kinder zu erzählen, wie in ihrer Familie Geburtstag gefeiert wird und in welchen Geschäften sie Geschenke und Geburtstagskarten besorgen.

Zählen und ordnen — Mathematik

Wie viele Tage bis Weihnachten?

Feste und Feiern

Lernerfahrungen
- Erfahren, dass der Advent eine besondere Zeit im Jahr ist, in der die Tage bis Weihnachten gezählt werden.
- Muster in Papierkreise schneiden und dabei unmittelbar Hälften und Viertel kennen lernen.

Durchführung
- Erklären Sie den Kindern, dass sie gemeinsam einen Adventskalender für die Gruppe gestalten werden.
- Finden Sie heraus, wie viele Gruppentage bis Weihnachten bleiben. Es kann sinnvoll sein, statt bis Heiligabend die Tage bis zum letzten Gruppentag zu zählen.
- Fotokopieren Sie die Schneemänner auf S. 119 in der erforderlichen Anzahl, schneiden Sie sie aus und lassen Sie sie von den Kindern gestalten. Die Kinder können auch selbst einen Schneemann malen.
- Auf den Rücken eines jeden Schneemanns wird ein Weihnachtsmotiv geklebt (kann aus alten Weihnachtskarten ausgeschnitten werden) oder gemalt.
- Geben Sie den Kindern je einige weiße Papierkreise und zeigen Sie ihnen, wie man sie in Hälften und Viertel faltet. Helfen Sie den Kindern dabei, Formen aus den Kreisen auszuschneiden. Zeigen Sie ihnen, dass man eine Schneeflocke erhält, wenn man die Papierkreise auseinanderfaltet.
- Befestigen Sie großformatiges rotes Tonpapier an einer Wand. Befestigen Sie die Schneemänner mit Büroklammern mit der bemalten Seite nach vorn am Rand des Kartons und lassen Sie die Kinder darunter ihre Schneeflocken aufkleben.
- Jeden Tag wird ein Schneemann umgedreht und wieder befestigt, sodass man immer sieht, wie viele (Gruppen-)Tage noch bis zum Weihnachtsfest verbleiben.

Variationen
- Bitten Sie die Kinder zu erzählen, ob und wie sie zu Hause Weihnachten feiern.
- Fragen Sie die Kinder an jedem Dezembertag, welcher Schneemann umgedreht werden soll. Lassen Sie die Kinder raten, welches Motiv sich hinter dem Schneemann verbirgt. Ist es vielleicht ein Weihnachtsbaum, der Weihnachtsmann oder ein Weihnachtsstern?

- Kopiervorlage S. 119
- weißes Papier, kreisförmig zugeschnitten
- rotes Tonpapier
- ggf. Weihnachtskarten
- weißes Papier
- Stifte
- Klebstoff
- Scheren
- Büroklammern

! Die Arbeit mit Scheren erfordert besondere Umsicht.

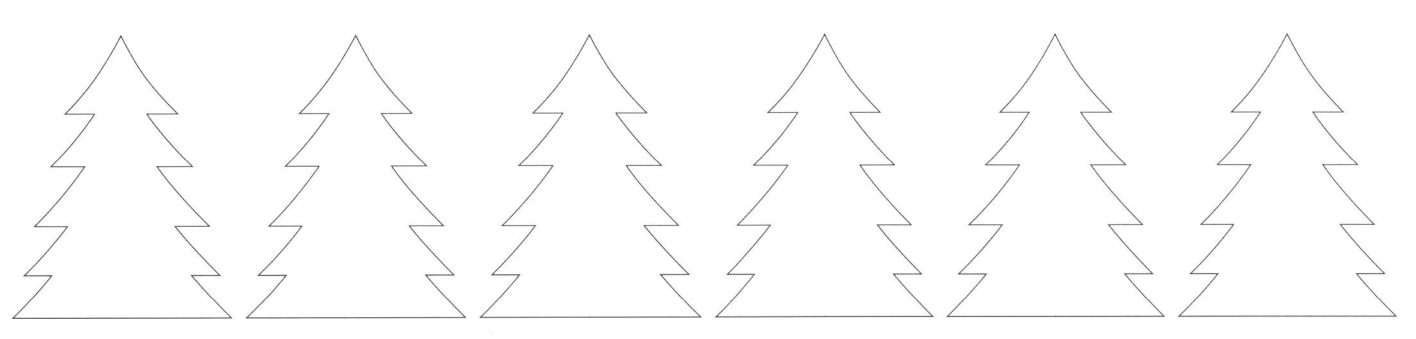

Mathematik   Zählen und ordnen

Feste und Feiern

⏱ 25 | 👥 2–4 | ⚂

Weihnachtsladen

Lernerfahrungen
▶ In einem Rollenspiel selbstständig mit Zahlen umgehen.
▶ Erfahren, dass Weihnachten in christlichen Ländern auf vielfältige Weise gefeiert wird, zum Beispiel mit Geschenken, Festessen und Grußkarten.
▶ Mit Geld umgehen.

Durchführung
▶ Versammeln Sie die Kinder und fordern Sie sie auf, darüber nachzudenken, was in einem Weihnachtsartikelgeschäft verkauft werden könnte.
▶ Wählen Sie eine Gruppe aus freiwilligen Helfern und richten Sie einen solchen Laden auf einem Tisch ein.
▶ Geben Sie den Kindern Gestaltungsaufgaben, zum Beispiel die weiße Tapete mit Plakatfarbe als Tischunterlage mit zwei Weihnachtsbäumen, drei Geschenkpaketen oder fünf Sternen zu bemalen. Stellen Sie auf einen Tisch im vorderen Bereich des Ladens eine Kasse. Legen Sie einige Weihnachtskarten und Spielgeld dazu.
▶ Stellen Sie im hinteren Bereich des Ladens einen Tisch auf, an dem die Kinder Päckchen weihnachtlich verpacken, Weihnachtskarten und Fensterschmuck aus Tonpappe anfertigen und bemalen oder bekleben können.

Vertiefung
▶ Geben Sie den Kindern Gelegenheit zu berichten, ob und wie bei ihnen zu Hause Weihnachten gefeiert wird.
▶ Verwenden Sie die Schablone auf S. 120, um mit den Kindern Weihnachtsbäume zu gestalten. Schneiden Sie für einen selbst stehenden Baum zwei Bäume aus grünem Tonpapier aus. Versehen Sie einen Baum mit einem von unten zur Mitte geführten Einschnitt, den anderen Baum mit einem von der Spitze nach unten geführten Einschnitt. Schieben Sie die beiden Bäume ineinander. Stücke von Papiertüchern können zu Kugeln gerollt und von den Kindern als Christbaumkugeln auf die Weihnachtsbäume geklebt werden.

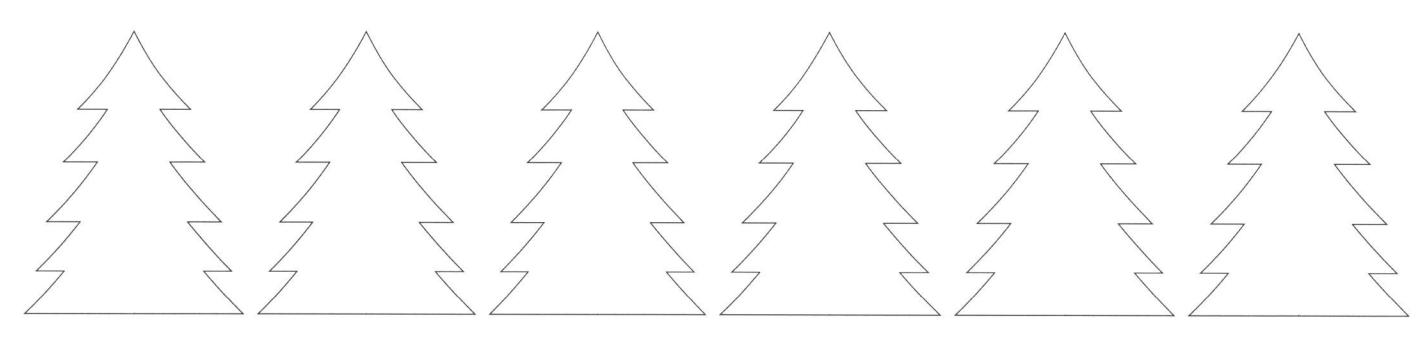

⇒ weiße Tapetenrolle
⇒ Tonpappe in verschiedenen Farben
⇒ Plakatfarbe
⇒ Pinsel
⇒ Scheren
⇒ 2 Tische
⇒ ggf. Weihnachtskarten
⇒ ggf. Weihnachtspapier
⇒ Kasse
⇒ Spielgeld oder Münzen
⇒ Karton im Format DIN-A4
⇒ Schablone auf S. 120
⇒ grünes Tonpapier

❗ Die Arbeit mit Scheren erfordert besondere Umsicht.

Zählen und ordnen — Mathematik

Farbentisch

Farben

⏱ 60 | 👤 alle | ⚀

Lernerfahrungen
▶ Während der Interaktion am Farbentisch mathematische Begriffe anwenden.
▶ Bis zu 10 Alltagsgegenstände zählen.
▶ Formen von Gegenständen zuordnen.

→ Tisch
→ großformatiges Papier
→ Gymnastikreifen
→ Tonpapier
→ Filzstifte
→ Objekte in bestimmten Farben, z. B. eine Tomate, einen Apfel, ein Feuerwehrauto, einen Buntstift und einen Eimer als Repräsentanten für die Farbe Rot

Durchführung
▶ Wählen Sie einen Tisch im Gruppenraum, der als Farbentisch dienen soll.
▶ Wird pro Woche eine Farbe thematisiert (zum Beispiel Rot, Blau, Gelb, Grün, Pink, Orange, Lila, Braun, Schwarz und Weiß), kann das Thema auf mehrere Wochen ausgedehnt werden.
▶ Lassen Sie die Kinder auf das großformatige weiße Papier mit einer bestimmten Farbe je zehn Gegenstände malen, die diese Farbe üblicherweise haben.
▶ Legen Sie einen Gymnastikreifen auf den Tisch und fragen Sie die Kinder, ob sie zehn Dinge in der Farbe der Woche finden und in den Reifen legen können.
▶ Zeichnen Sie auf Tonpapier die Umrisse einiger (zum Beispiel roter) Objekte, wie zum Beispiel einer Tomate, eines Apfels, eines Feuerwehrautos, eines Eimers und eines Buntstiftes.
▶ Legen Sie die Gegenstände in einen Korb und regen Sie die Kinder dazu an, die Objekte und die Umrisse nach formalen Überlegungen zu ordnen.
▶ Wiederholen Sie diese Arbeitsschritte für alle anderen Farben.

Variation
▶ Bitten Sie die Eltern, ihre Kinder bei der Arbeit mit dem Farbentisch zu unterstützen. Gibt es zu Hause Dinge, die das Kind mitbringen könnte, um damit zu dem wöchentlichen Farbthema beizutragen?

Mathematik — Zählen und ordnen

Farben

Farbentürme

⏱ 25 | 👥 2-4 | ⚂

Lernerfahrungen
- Mathematische Begriffe im Spiel verwenden.
- Bis zu 6 Objekte aus einer größeren Menge zählen oder auswählen.
- Bis zu 10 Objekte in unregelmäßiger Anordnung zählen.

→ farbige Bauklötze
→ ggf. große Bauklötze für den Außenbereich
→ Farbenbücher für die Lese-Ecke

Durchführung
- Zeigen Sie den Kindern eine Kiste mit farbigen Bauklötzen.
- Geben Sie den Kindern die folgenden Aufträge:
  ▷ sechs rote Bauklötze abzählen,
  ▷ mit den Bauklötzen einen Turm bauen,
  ▷ zehn gelbe Bauklötze abzählen,
  ▷ einen Turm mit einem fortlaufenden Muster aus Klötzen mit zwei verschiedenen Farben bauen,
  ▷ herausfinden, wie viele Klötze man für einen hohen Turm braucht,
  ▷ die verstreuten Klötze zählen, wenn der Turm umgefallen ist,
  ▷ sich gegenseitig auffordern, Türme mit unterschiedlich vielen Klötzen zu bauen.
- Lassen Sie die Kinder einige Bauklötze in unregelmäßiger Anordnung auf dem Fußboden verstreuen. Regen Sie sie dazu an, ihren Freund oder ihre Freundin die Anzahl der Klötze schätzen zu lassen und sie dann zu zählen.

Vertiefung
- Stellen Sie im Außenbereich große Holz- oder Kunststoffklötze zur Verfügung, mit denen die Kinder bauen können.
- Geben Sie Impulse: *Was glaubst du – wie viele Holzklötze benötigen wir, um ein Haus zu bauen?*
- Kommentieren Sie das Spiel. Beispiel: *Ich frage mich, wie viele Holzklötze es insgesamt sind.*

Variation
- Ermuntern Sie die Kinder, auch zu Hause Dinge zu zählen, zum Beispiel ihre Spielsachen oder Legosteine® beim Aufräumen, die Räder an Fahrzeugen usw.

Zählen und ordnen — Mathematik

Bunte Knete – selbst gemacht

Farben

⏱ 25 | 👤 2–4 | ⚂

Lernerfahrungen
▶ Während einer Alltagsaktivität mathematische Begriffe verwenden.
▶ Erfahren, wie wichtig das Zählen von Zutaten ist, zum Beispiel: *2 Tassen Mehl, 2 Esslöffel Öl.*

Durchführung
▶ Fordern Sie die Kinder auf, sich die Hände zu waschen und helfen sie ihnen anschließend, die Zutaten nach Ihren Anweisungen zusammenzutragen.
▶ Lassen Sie sich von den Kindern helfen, das Mehl, das Salz, die Pottasche und das Öl in einen großen Kochtopf zu geben. Legen Sie dabei besonderen Wert darauf, dass die Kinder mitzählen.
▶ Fügen Sie dem Wasser Lebensmittelfarbe hinzu.
▶ Geben Sie die Flüssigkeit langsam zu den Zutaten im Kochtopf und geben Sie jedem Kind die Gelegenheit, die Masse umzurühren, damit sie möglichst gleichmäßig wird.
▶ Beschäftigen Sie die Kinder mit einer anderen Aktivität, während Sie den Topfinhalt unter ständigem Rühren bei mittlerer Temperatur erhitzen, bis die Masse stockt.
▶ Wenn die Masse fest genug ist, wird der Topf vom Herd genommen. Die Knetmasse wird mit einem Holzlöffel aus dem Topf gekratzt und in eine Schüssel gegeben.
▶ Die Kinder können die Knetmasse verwenden, wenn sie vollständig abgekühlt ist.

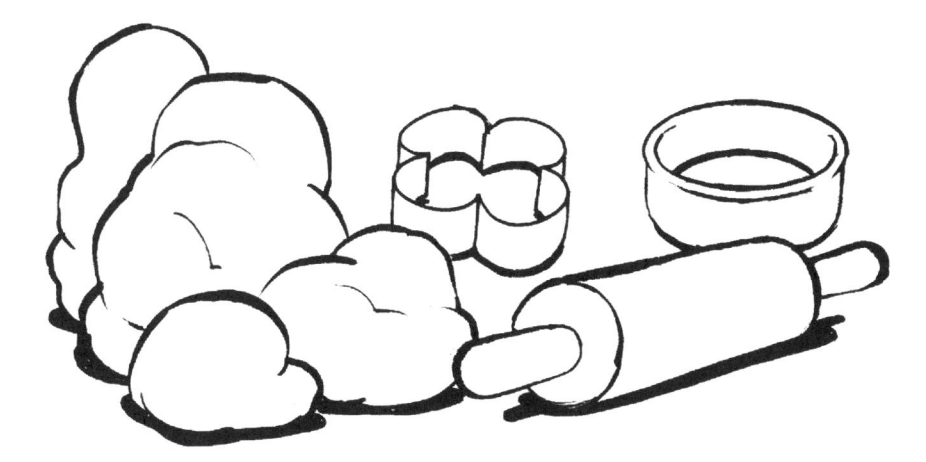

→ 1 Tasse (250 ml) Wasser
→ 1 Tasse Mehl
→ ½ Tasse Salz
→ 2 Teelöffel Pottasche
→ 2 Esslöffel Öl
→ Lebensmittelfarbe

❗ Prägen Sie den Kindern ein, dass die eingesetzten Küchengeräte ausschließlich für die Bearbeitung von Lebensmitteln verwendet werden.

Vertiefung
▶ Stellen Sie regelmäßig gemeinsam mit den Kindern Knetmasse her und legen Sie einen Vorrat an verschiedenen Farben an. Bewahren Sie die Knetmasse in Plastiktüten verpackt und in luftdichten Behältern auf.
▶ Versuchen Sie nach Möglichkeit, regelmäßig mit den Kindern zu kochen und zu backen. Nutzen Sie dabei die vielen Erfahrungsmöglichkeiten, die solche Aktivitäten den Kindern im Umgang mit Zahlen bieten.
▶ Stellen Sie sicher, dass Sie nicht nur süße, sondern auch herzhafte Lebensmittel (Gemüsesuppe, Pizza, Kräcker, Brötchen) zubereiten.

Mathematik — Zählen und ordnen

Ernährung

Café Hopsassa

⏱ 25 | 👥 2-4 | ⚂

Lernerfahrungen
▶ In einer Rollenspielsituation selbstständig mit Zahlen umgehen.
▶ Mit Geld umgehen.
▶ Umgangsformen im Café erlernen.

Durchführung
▶ Versammeln Sie die Kinder vor sich und fragen Sie sie, mit welchem Zubehör ein Café ausgestattet sein sollte.
▶ Erstellen Sie eine Liste von den Dingen, die laut der Einschätzung der Kinder benötigt werden.
▶ Erklären Sie ihnen, dass es sich hier um ein besonderes Café handelt, denn die Bedienung hopst und hüpft unentwegt.
▶ Stellen Sie die Tische und Stühle im Café auf und richten Sie im hinteren Bereich einen langen Tisch ein, auf dem das Essen bereitgestellt werden kann.
▶ Legen Sie Plastikteller und Plastikbecher (die mit Papiertüchern gefüllt sind, um Getränke darzustellen) bereit.
▶ Hängen Sie Schürzen auf, stellen Sie in einer Ecke die Kasse bereit und legen Sie die Notizblöcke für die Bedienung dazu.

Vertiefung
▶ Beteiligen Sie sich am Rollenspiel im Café und unterstützen Sie die Kinder beim Gebrauch numerischer Begriffe und beim Gebrauch von Zahlen. Beispiele: *An Tisch zwei wurden drei Getränke bestellt. – An Tisch vier wurden vier Teller mit belegten Broten gewünscht.*
▶ Die Kinder werden von der Bewegungsintensität des Rollenspiels begeistert sein. Bei warmem Wetter ist diese Aktivität sehr geeignet für den Außenbereich, wo die Kinder ihrem Bewegungsdrang freien Lauf lassen können.

Variation
▶ Ermuntern Sie die Kinder zu erzählen, welche Spiele sie draußen spielen, wenn sie zu Hause sind.

→ einige kleine Tische
→ einige Stühle
→ 1 langer Tisch
→ Notizblock
→ Bleistifte
→ Schürzen
→ Kasse
→ Plastikteller
→ Plastikbecher
→ Papiertücher
→ Plastikostereier
→ Wolle als Spaghetti
→ grüne Stoffreste als Salat
→ viereckige Schwämme, zum Beispiel Scheuerschwämmchen, als belegte Brote

Zählen und ordnen

Mathematik

Gartencenter

Natur

⏱ 30 | 👤 2-4 | ⚃

Lernerfahrungen
▶ In einer Rollenspielsituation selbstständig mit Zahlen umgehen.
▶ Mathematische Begriffe im Spiel anwenden.

Durchführung
▶ Erklären Sie den Kindern, dass Sie ein Gartencenter einrichten möchten.
▶ Fordern Sie die Kinder auf, darüber nachzudenken, was in einem Gartencenter verkauft wird.
▶ Wählen Sie eine Gruppe freiwilliger Helfer und trennen Sie mit drei Stellwänden einen Raumbereich ab.
▶ Befestigen Sie die Tapete an den Wänden und helfen Sie den Kindern, große Blumen auf das Papier zu malen: *Wer kann drei rote Blumen malen? Wer kann drei gelbe Blumen malen?*
▶ Stellen Sie Behälter mit den künstlichen Blumen in Ihrem Gartencenter auf und fragen Sie zum Beispiel: *Wie viele Blumen sind in den Eimern? Wie viele verschiedene Farben haben die Blumen?*
▶ Füllen Sie Sand in die flache Schale und stellen Sie die Blumentöpfe daneben.

→ 3 Stellwände
→ weiße Tapetenrollen
→ Heftklammern
→ Plakatfarben
→ Pinsel
→ Eimer
→ Auswahl künstlicher Blumen
→ künstliche Grünpflanzen
→ große, flache Schale
→ Sand
→ Blumentöpfe aus Plastik
→ Sanduhr

! Halten Sie die Kinder in jedem Fall davon ab, im Freien Blumen zu pflücken.

Vertiefung
▶ Beteiligen Sie sich am Rollenspiel und geben Sie verbale Impulse: *Könnte ich bitte zehn rote Rosen und zwei grüne Farne bekommen?*
▶ Geben Sie den Kindern die Aufgabe, die Blumentöpfe mit Sand zu füllen. Stellen Sie eine Sanduhr im Spielbereich auf und regen Sie die Kinder durch Fragen an, über die vergehende Zeit nachzudenken, zum Beispiel: *Wie lange dauert es, einen kleinen Topf mit Sand zu füllen? – Wie lange dauert es, einen großen Topf mit Sand zu füllen?*

Variation
▶ Ermuntern Sie die Kinder, von ihren Besuchen im Gartencenter zu erzählen. Was gab es dort zu sehen?

Mathematik — Zählen und ordnen

Jahreszeiten

⏱ 45 | 👥 2–4 | ⚂

Wir bauen ein Iglu

Lernerfahrungen
▶ Zahlen im Spiel absichtsvoll anwenden.
▶ Kenntnisse über die Jahreszeiten vertiefen.

Durchführung
▶ Beginnen Sie die Aktivität mit der Frage, welche Tiere man in eisigen Umgebungen finden kann. Im Gespräch erfahren die Kinder, dass Pinguine und Eisbären zu den Tieren gehören, die in kalten Regionen leben. Fragen Sie die Kinder, in welcher Jahreszeit es hierzulande kalt ist.
▶ Bitten Sie die Kinder, für die Stoffeisbären und -pinguine ein Iglu zu bauen.

- → weißes Laken
- → Filzstifte
- → Scheren
- → Auswahl von Stoffeisbären und Stoffpinguinen in verschiedenen Größen
- → Fotokarton im Format DIN A4
- → Kiste mit warmer Kleidung (Mützen, Handschuhe, Schals)

Zwar sollte nicht übersehen werden, dass Eisbären auf der Nordhalbkugel und Pinguine auf der Südhalbkugel der Erde leben, für ihre gleichzeitige Präsenz bei der folgenden Aktivität ist jedoch ausschlaggebend, dass beide Tierarten kalte Klimazonen bewohnen.

❗ Die Arbeit mit Scheren erfordert besondere Umsicht.

▶ Stellen Sie eine Kiste mit warmer Kleidung bereit.
▶ Erzählen Sie den Kindern, dass Pinguine und Eisbären besonders gerne Fisch fressen. Geben Sie den Kindern die Aufgabe, für die Stofftiere Fische auf Fotokarton zu malen, auszuschneiden und in das Iglu zu legen. Fragen Sie die Kinder, wer vermutlich mehr Fische verzehrt, ein Pinguin oder ein Eisbär. Klären Sie, wie viele Fische die Kinder an einen Pinguin und wie viele Fische sie an einen Eisbären verfüttern möchten.
▶ Ermuntern Sie die Kinder, sich Winterkleidung aus der bereitgestellten Kiste auszusuchen und anzuziehen. So vor Kälte geschützt, können die Kinder den Tieren im kalten Iglu Gesellschaft leisten.

Vertiefung
▶ Geben Sie den Kindern die Aufgabe, die Stofftiere zu zählen und der Größe nach anzuordnen. Welcher Pinguin oder Eisbär ist am größten?

Variation
▶ Bitten Sie die Eltern, Stofftiere sowie Mützen und Handschuhe für dieses Spiel- und Lernangebot zur Verfügung zu stellen. Stellen Sie sicher, dass die Kleidungsstücke mit Namen versehen sind.

Zählen und ordnen | Mathematik

Strandsouvenirs

Jahreszeiten

⏱ 45   👤 2–4   🎲

Lernerfahrungen
▶ Zahlen in einer Spielsituation absichtsvoll gebrauchen.
▶ In Zählreime einstimmen.
▶ Im Rollenspiel mit Spielgeld umgehen.
▶ Ein Fischmotiv mit einem fortlaufenden Muster versehen.

Durchführung
▶ Fragen Sie die Kinder, was ihrer Ansicht nach in einem Laden am Strand verkauft wird.
▶ Auf einem Tisch werden die Souvenirs ausgelegt und die Kasse bereitgestellt.
▶ Geben Sie jedem Kind zwei Papiervorlagen in Fischform. Fordern Sie die Kinder auf, die Fische mit fortlaufenden Mustern zu bemalen. Setzen Sie die beiden Vorlagen mit dem Muster nach außen zusammen. Geben Sie etwas Papier als Aufpolsterung zwischen die beiden Vorlagen und heften Sie anschließend den Fisch mit einem Hefter am äußeren Rand entlang zusammen.
▶ Die Fische werden als Ware im Souvenirladen ausgelegt und jeweils mit einem Preis von 1 ausgezeichnet. Die Kinder ermitteln dann den Gesamtpreis für die Gesamtzahl der Fische.
▶ Bestimmen Sie ein Kind als Verkäufer/-in des Ladens oder übernehmen Sie selbst diese Rolle. Verteilen Sie an die anderen Kinder Spielgeld und lassen Sie sie in dem Souvenirladen einkaufen.

> → Auswahl von Strandsouvenirs (Muscheln, Seesterne, Sandförmchen etc.)
> → Kasse
> → Spielgeld oder Münzen
> → Gestaltungsvorlage aus Papier in Form eines Fisches
> → Wachsmalstifte

Vertiefung
▶ Stellen Sie den Kindern Fragen, wie zum Beispiel: *Wenn ein Fisch eine Münze kostet und ich sechs Fische kaufen will, wie viel muss ich dann bezahlen?*

Variationen
▶ Eventuell können die Kinder Strandsouvenirs von zu Hause mitbringen, zum Beispiel Sandspielzeug, Muscheln, Sonnenbrillen und -hüte oder einen Windschutz.
▶ Einige Kinder sind vielleicht schon am Strand gewesen und können davon erzählen: Wie sieht es am Strand aus? Haben sie Fotos, die sie zeigen können?

Mathematik — Zählen und ordnen

Feste und Feiern

⏱ 45 | 👥 alle | ⚃

Tiger hat Geburtstag!

Lernerfahrungen
- ▶ Mathematische Konzepte und Verfahren entwickeln, um praktische Probleme zu lösen.
- ▶ Eine Gruppe von Objekten innerhalb einer größeren Gesamtmenge zählen.
- ▶ Erfahren, dass bestimmte zeitliche Ereignisse wie Geburtstage mit einer Party gefeiert werden.

Durchführung
- ▶ Stimmen Sie die Kinder darauf ein, dass der Tiger (oder ein anderes beliebtes Stofftier) bald Geburtstag hat.
- ▶ Fragen Sie die Kinder, wie sie dem Tiger helfen können, seinen Geburtstag gebührend zu feiern. Notieren Sie alle Vorschläge auf Papier und stellen Sie sicher, dass die Liste auch eine Party umfasst. Bestätigen Sie, dass Sie eine Party für eine gute Idee halten.
- ▶ Fragen Sie die Kinder, wer bei der Party dabei sein möchte. Lassen Sie sie zählen, wie viele Gäste an der Party teilnehmen werden.
- ▶ Erstellen Sie eine Liste mit allen Vorbereitungen, die nötig sind, bevor man eine Party feiern kann: zum Beispiel Tag und Uhrzeit für das Ereignis bestimmen, Einladungen schreiben, eine Einkaufsliste erstellen, Lebensmittel für das Geburtstagsessen einkaufen, das Geburtstagsessen zubereiten, den Tisch decken, den Raum dekorieren und über die Partyspiele entscheiden – die Liste sollte möglichst lang und detailliert sein.

Vertiefung
- ▶ Binden Sie am Tag der Party die Kinder so weit wie möglich in die Vorbereitungen ein.
- ▶ Das Zubereiten von belegten Brotschnitten oder auch eines Obstsalates und das Tischdecken gibt den Kindern Gelegenheit zu helfen: *Wie viele Tassen werden benötigt? Liegt an jedem Platz Besteck? Wie viele Servietten werden gebraucht?*
- ▶ Genießen Sie mit den Kindern die Geburtstagsparty für den Tiger und stellen Sie sicher, dass die Kinder wieder mit aufräumen.

Variationen
- ▶ Ermuntern Sie die Kinder, von ihren eigenen Geburtstagspartys zu erzählen: *Wie viele Gäste waren eingeladen? Was gab es zu essen?*
- ▶ Fertigen Sie für die Kinder Tigermasken an, indem Sie die Vorlage auf S. 122 in erforderlicher Anzahl kopieren, ausschneiden und auf Pappteller kleben. Die Masken können bemalt und mit Gummiband am Kopf befestigt werden.

- ➔ großformatiges Papier, um alle Ideen für die Planung zu notieren
- ➔ Geschirr und Besteck
- ➔ Servietten
- ➔ Geburtstagsgirlande
- ➔ Ballons
- ➔ großer Tisch und Stühle
- ➔ CD-Player
- ➔ Musik
- ➔ Zubehör für Partyspiele
- ➔ Pappteller
- ➔ Tiger-Vorlage auf S. 122
- ➔ orange und schwarze Farbe
- ➔ Gummiband (am besten Hosengummi zum Abschneiden)

Im Postamt

Helfer im Alltag

⏱ 25   👤 2–4   ⚃

Lernerfahrungen
▶ Im Spiel mathematische Begriffe verwenden.
▶ Umgang mit Geld erproben.
▶ Selbstvertrauen im Umgang mit Zahlen entwickeln.

Durchführung
▶ Fordern Sie die Kinder auf, mit Ihnen gemeinsam zu überlegen, wie ein Postamt ausgestattet ist.
▶ Wählen Sie eine Gruppe freiwilliger Helfer.
▶ Stellen Sie im vorderen und im hinteren Bereich des „Postamts" je einen Tisch auf. Platzieren Sie auf dem vorderen Tisch die Kasse, die Päckchen und die Waage. Bereiten Sie auf dem hinteren Tisch einen Arbeitsbereich vor, wo die Kinder Pakete packen und nach Größe sortieren können.
▶ Beteiligen Sie sich am Spiel und nehmen Sie sowohl die Rolle einer Kundin als auch eines Postbeamten ein. Als Kundin können Sie das Spiel verbal kommentieren, zum Beispiel mit Äußerungen wie: *Ich hätte gerne fünf Briefmarken.* Als Postbeamter könnten Sie verbale Impulse geben wie: *Wir verkaufen Briefmarken nur in Heften zu je sechs Marken.*

Vertiefung
▶ Stellen Sie den Kindern kleinformatige Quadrate aus Papier zur Verfügung, sodass sie ihre eigenen Briefmarken gestalten und auf die Pakete kleben können.

→ 2 Tische
→ Kasse
→ Waage
→ gebrauchte Kartons
→ Packpapier
→ Klebeband
→ Briefumschläge
→ ggf. abgelöste Briefmarken

Mathematik   Zählen und ordnen

Helfer im Alltag

Besuch vom Postboten

Lernerfahrungen
- Erfahren, dass Zahlen im Berufsleben eine wichtige Rolle spielen.
- Einem Besucher/einer Besucherin aufmerksam zuhören.

Durchführung
- Die Kinder finden sich in einem Sitzkreis zusammen. Erklären Sie ihnen, dass ein Gast zu Besuch kommt, der durch seine Arbeit vielen Menschen hilft.
- Fordern Sie die Kinder auf zu überlegen, in welcher Weise ein Postbote anderen Menschen behilflich ist. Sie werden feststellen, dass Kinder von der Post fasziniert sind und es spannend finden, Briefe zu bekommen.
- Bitten Sie den Postboten, den Kindern von seiner Arbeit zu erzählen, zum Beispiel, wann er morgens aufsteht und wie viele Häuser zu seinem Zustellbezirk gehören.
- Ermuntern Sie die Kinder, dem Postboten Fragen zu stellen, zum Beispiel: *Wie oft ist Ihnen schon ein Hund hinterhergerannt? – Wie viele Briefkästen versorgen Sie?*

Vertiefung
- Nach dem Besuch des Postboten geben die Kinder wieder, was sie gelernt und wie viel sie von seinem Bericht behalten haben.

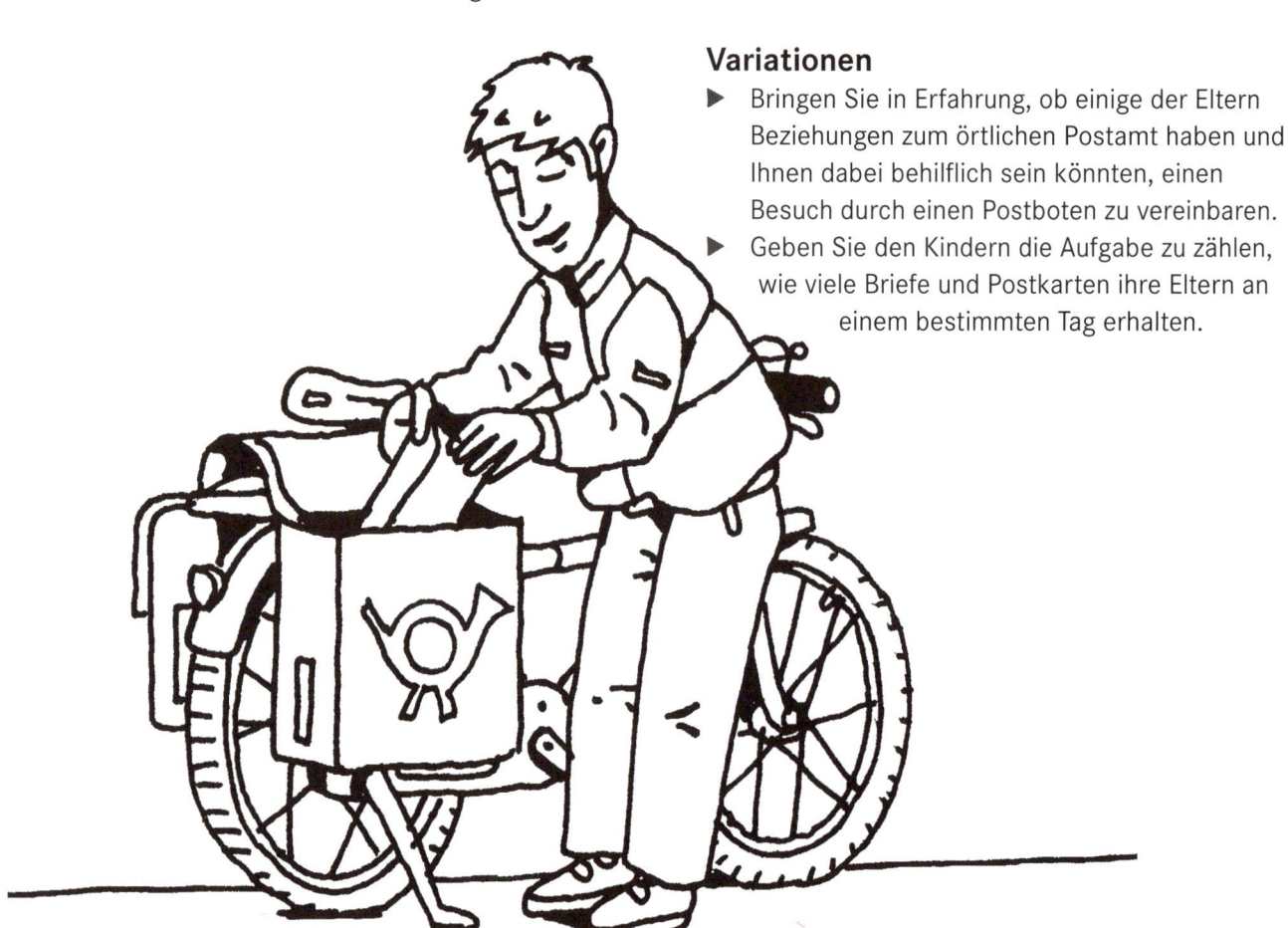

Variationen
- Bringen Sie in Erfahrung, ob einige der Eltern Beziehungen zum örtlichen Postamt haben und Ihnen dabei behilflich sein könnten, einen Besuch durch einen Postboten zu vereinbaren.
- Geben Sie den Kindern die Aufgabe zu zählen, wie viele Briefe und Postkarten ihre Eltern an einem bestimmten Tag erhalten.

→ Arrangieren Sie den Besuch eines Postboten/einer Postbotin.

Zählen und ordnen — Mathematik

Teddys an der Wäscheleine

Lernen mit Tieren

Lernerfahrungen
- Zahlenfolgen laut sprechen.
- Anzahl zwischen 1 und 10 erkennen.
- Einfache Subtraktion durchführen.

Vorbereitung
- Fotokopieren Sie die Schablone für den Bären von Seite 116 zehnmal auf Fotokarton und schneiden Sie sie aus. Sie können das Spiel auch erweitern, indem Sie den Bären je zehnmal auf Fotokarton unterschiedlicher Farben kopieren. Schneiden Sie die Umrisse aus. Laminieren Sie die ausgeschnittenen Bären gegebenenfalls zur besseren Haltbarkeit.
- Befestigen Sie zehn Bären einer Farbe mit Wäscheklammern an der Schnur.
- Bringen Sie die Schnur in einer Raumecke so an, dass sie für diese Aktivität auf eine Höhe in Reichweite der Kinder gebracht werden kann.

- Kopiervorlage (Teddybär) auf Seite 116
- DIN-A4-Tonpapier, ggf. in verschiedenen Farben
- Laminierfolie
- Schnur
- Wäscheklammern
- Zugvorrichtung, um die Höhe der Schnur verändern zu können

Durchführung
- Zeigen Sie den Kindern die Bären und fragen Sie sie, wie viele Bären sie sehen.
- Fordern Sie eines der Kinder auf, einen Bären von der Leine zu entfernen, für ihn einen Platz an anderer Stelle der Wäscheleine zu finden und ihn dort mit einer Wäscheklammer zu befestigen.
- Fordern Sie die Kinder auf, die verbliebenen Bären laut zu zählen und dann zu sagen, wie viele Bären fehlen.
- Verfahren Sie so, bis kein Teddybär mehr am alten Platz hängt.
- Beschließen Sie die Aktivität, indem Sie die Bären bis auf einen wieder an die Leine hängen. Fragen Sie die Kinder, ob nun alle Bären wieder da sind, und lassen Sie sie erneut zählen.
- Wiederholen Sie diese Aktivität mehrmals.

Mathematik — Zählen und ordnen

Lernen mit Tieren

⏱ 10 | 👦 alle | ⚃

→ beliebiges Stofftier
→ Ball

Kreisspiel

Lernerfahrungen
▸ Zahlenfolgen laut sprechen.
▸ Von unterschiedlichen Zahlen ausgehend Zahlenfolgen aufsagen bzw. weiterzählen.
▸ Kooperatives Spiel erfahren und ein Spielzeug (Stofftier) mit anderen teilen.

Durchführung
▸ Fordern Sie die Kinder auf, einen Sitzkreis zu bilden.
▸ Erklären Sie, dass das Spielzeug von einem Kind zum nächsten im Kreis herumgereicht wird. Dabei wird jede Abgabe laut mitgezählt und bei „zehn" werden die Plätze gewechselt.
▸ Zunächst reichen die Kinder nur das Stofftier zum Sitznachbarn, während der Erwachsene bei jeder Aktion laut bis zehn mitzählt. Bei der nächsten Runde werden die Kinder dazu ermuntert, ins Zählen einzustimmen.
▸ Wenn die Kinder den Spielablauf beherrschen, beginnt das Spiel mit einer anderen Startzahl als mit eins, zum Beispiel mit drei oder vier.
▸ Regen Sie die Kinder dazu an, das Tempo beim Herumreichen zu steigern.
▸ Rasches Reagieren und einen gleichmäßigen Rhythmus können Sie jederzeit durch Händeklatschen unterstützen.

Vertiefung
▸ Bei Kindern mit fortgeschrittenen Fähigkeiten können Sie mit der Zahl Fünf beginnen und ihnen die Aufgabe geben, jeweils eine Zahl rückwärts statt vorwärts zu zählen (fünf, vier, drei usw.).
▸ Verleihen Sie dem Spiel mehr Schwung, indem Sie es nach draußen verlegen und statt eines Stofftieres einen Ball verwenden. Wenn die Kinder das Herumreichen des Balls sicher beherrschen, können sie dazu übergehen, ihn sich während des Zählens zuzuwerfen.
▸ Versuchen Sie, mit den Kindern täglich zur gleichen Zeit den Umgang mit Zahlen zu üben und ihn auf diese Weise in der Tagesroutine zu verankern.

Variationen
▸ Ermuntern Sie die Kinder dazu, dieses Zählspiel mit den anderen Familienmitgliedern zu Hause zu spielen.
▸ Regen Sie die Kinder an, darüber nachzudenken, wo sie zusammen mit ihrer Familie oder ihren Freunden zählen üben können, zum Beispiel am Esstisch, im Auto oder im Wohnzimmer.

Zählen und ordnen · Mathematik

Zehn kleine Bären

Lernen mit Tieren

Lernerfahrungen
▶ Kenntnis der Zahlenfolge 1 bis 10 sichern.
▶ Gemeinsam einen Zählreim singen.
▶ Einfache Subtraktion: *Wie viele Bären bleiben auf der Mauer sitzen, wenn einer herunterfällt?*

Vorbereitung
▶ Bemalen Sie die Pappkiste so, dass sie wie eine Mauer aussieht. Die Kiste sollte standfest sein.
▶ Bei Verwendung der Kopiervorlagen werden diese ausgeschnitten und von den Kindern ausgemalt. In die beiden Längsseiten der Kiste werden jeweils fünf Schlitze geschnitten.

→ 10 Stoffbären oder 10 Bären aus Karton (Vorlage auf S. 117)
→ Pappkiste
→ Farbe und Pinsel
→ Filzstifte oder Buntstifte

Durchführung
▶ Stellen Sie die Kiste auf einen Tisch vor die Gruppe. Stoffbären sitzen oben auf dem Rand, Pappbären werden in die Seitenschlitze eingesteckt.
▶ Singen Sie das folgende Lied nach der Melodie von „Zehn kleine Negerlein":

Zehn kleine, süße Bären

*Zehn kleine, süße Bären
fuhren über'n Rhein,
einer ist an Land gegangen,
da waren's nur noch neun.*

*Neun kleine, süße Bären
spazierten durch die Nacht,
einer legt zum Schlafen sich,
da waren's nur noch acht.*

*Acht kleine, süße Bären
fanden ein Feld mit Rüben,
einer hat sie zum Markt gebracht,
da waren's nur noch sieben.*

*Sieben kleine, süße Bären
liefen von links nach rechts,
einer ist gradaus gelaufen,
da waren's nur noch sechs.*

*Sechs kleine, süße Bären
aßen Wurst mit Senf,
einer ging noch Pizza kaufen,
da waren's nur noch fünf.*

*Fünf kleine, süße Bären
spielten gut Klavier,
einer wurde ganz berühmt,
da waren's nur noch vier.*

*Vier kleine, süße Bären
gingen am Zoo vorbei,
einer blieb dort zu Besuch,
da waren's nur noch drei.*

*Drei kleine, süße Bären
besuchten die Bäckerei,
einer wurde Bäckerlehrling,
da waren's nur noch zwei.*

*Zwei kleine, süße Bären
fuhren im Zug nach Weimar,
einer wollte Schaffner werden,
da war es nur noch einer.*

*Ein kleiner, süßer Bär
der fand's allein nicht schön,
er hat die Freunde aufgesucht,
da waren's wieder zehn.*

▶ Unterbrechen Sie das Lied jedes Mal, wenn Sie einen Bären heruntergenommen haben, und fordern Sie die Kinder auf, durch Zählen herauszufinden, wie viele Bären übrig sind.
▶ Ermuntern Sie die Kinder, während des Singens die korrekte Anzahl der Bären, die noch auf der Mauer sitzen, mit den Fingern zu zeigen.

Vertiefung
▶ Stellen Sie weitere Abzählreime bildlich dar.

Mathematik **Zählen und ordnen** 49

Farben

⏱ 25 | 👥 2–4 | 🎲 4

Farben-Twister

Material:
- Pappkreise von je ca. 30 cm Durchmesser: 3 rote, 3 blaue, 3 grüne, 3 gelbe
- Laminiergerät
- Farbscheibe nach dem Muster von S. 124 anlegen
- Briefklammer

Lernerfahrungen
▶ Farben sicher ordnen.
▶ Ungewöhnliche Körperpositionen einnehmen.

Vorbereitung
▶ Die Pappkreise werden ausgeschnitten und laminiert, damit sie nach Gebrauch im Außenbereich gereinigt werden können.
▶ Die Farbscheibe von S. 124 wird fotokopiert und ausgemalt. Der Zeiger wird koloriert und mit einer Briefklammer in der Mitte befestigt.

Durchführung
▶ Verteilen Sie die Pappkreise durcheinander und in etwa gitterförmig auf dem Boden des Außenbereichs. Spielen Sie dieses Spiel mit Gruppen von zwei bis vier Kindern. Bestimmen Sie die Reihenfolge, in der die Kinder spielen, und drehen Sie den Zeiger auf der Farbscheibe.
▶ Weisen Sie nach dem Ergebnis des Farbkreisels an: *Clara, lege eine Hand auf einen roten Kreis.*
▶ Drehen Sie den Zeiger für das nächste Kind und sagen Sie zum Beispiel: *Marvin, stelle einen Fuß auf einen grünen Kreis.*
▶ Wer hinfällt, scheidet aus. Das Spiel endet, wenn nur noch ein Kind übrig ist.

Vertiefung
▶ Spielen Sie mit mehreren Gruppen und schließen Sie mit einer Finalrunde mit allen Gewinnern ab.
▶ Als Alternative können die Pappkreise in einer langen Linie ausgelegt und für verschiedene Bewegungsspiele genutzt werden.
▶ Fordern Sie die Kinder auf, an verschiedenen Punkten entlang der Linie zu starten und geben Sie numerische Anweisungen: *Alle gehen zwei Kreise rückwärts, alle gehen drei Kreise vorwärts.*

Variation
▶ Lassen Sie die Kinder Dinge zählen, die man nicht berühren kann, zum Beispiel Hüpfer oder Sprünge über ein Hindernis.

Zahlen im Alltag

Familie

⏱ 10 | 👥 alle | ⚃

Lernerfahrungen
▶ Erfahren, wo Zahlen im Alltag überall vorkommen.
▶ Zahlwörter laut aussprechen

Durchführung
▶ Versammeln Sie die Kinder in einem Sitzkreis. Erklären Sie ihnen, dass sie heute über Zahlen sprechen werden, die für sie wichtig sind.
▶ Erzählen Sie den Kindern von Zahlen, die für Sie persönlich von Bedeutung sind, zum Beispiel Ihr Alter und Geburtsdatum, Ihre Schuhgröße, Ihre Hausnummer, Ihr Kfz-Kennzeichen, die Anzahl Ihrer Familienmitglieder, wie viele Geschwister Sie haben, die Zahlen auf Ihrem Lottoschein oder Ihre persönliche Glückszahl.
▶ Vielleicht möchten Sie nicht jede dieser Informationen preisgeben – wesentlich ist, dass die Kinder Zahlen als zentralen Bestandteil des Alltagslebens verstehen lernen.

➡ Papier
➡ Stifte

Vertiefung
▶ Regen Sie die Kinder dazu an, sich zu Hause umzuschauen und Bilder all dessen zu malen, was in ihrem Alltag mit Zahlen zu tun hat.

Variation
▶ Empfehlen Sie den Eltern, ihren Kindern die häusliche Adresse einzuprägen. Sobald die Kinder dazu in der Lage sind, sollten sie auch ihre Telefonnummer auswendig kennen.

Mathematik — Zählen und ordnen

Gesundheit

Zähneputzen nicht vergessen!

Lernerfahrungen
- Tabelle als Strichliste anlegen.
- Zählen, wie viele Zahnbürsten es von jeder Farbe gibt; von der Gesamtzahl ausgehend einen Zahlenschritt weiter- bzw. zurückzählen und das Ergebnis nennen.
- Anzahl der eigenen Zähne schätzen und feststellen.

- großformatiges weißes Papier (ggf. Flip-Chart)
- dicker schwarzer Filzstift
- bunte Filzstifte

Durchführung
- Bilden Sie mit den Kindern einen Sitzkreis. Die Kinder halten ihre Zahnbürsten im Schoß.
- Lassen Sie die Kinder raten, wie viele Zähne sie haben. Sie können sich anschließend gegenseitig in den Mund schauen und zählen.
- Zeichnen Sie eine Tabelle auf das Flip-Chart, in der die Farben der vorhandenen Zahnbürsten vermerkt sind, zum Beispiel durch blaue, rote, grüne, violette Kreise.
- Fordern Sie die Kinder mit blauen Zahnbürsten auf, zum Flip-Chart zu kommen und in die Spalte für die Farbe Blau mit einem dicken Filzstift einen Strich einzutragen.
- Geben Sie den Kindern dann den Auftrag zu zählen, wie viele Personen eine blaue Zahnbürste haben.
- Wenn die Kinder die Gesamtzahl herausgefunden haben, erhalten sie die Aufgabe, einen Zahlenschritt weiter- bzw. zurückzuzählen und das jeweilige Ergebnis zu nennen.
- Wiederholen Sie diese Arbeitsschritte für alle anderen Farben.
- Wenn die Tabelle vervollständigt ist, werden die Ergebnisse reflektiert. Beispiel: Welche Farbe kommt am häufigsten vor?

Vertiefung
- Erweitern Sie das Gespräch durch Fragen: *Wer hat zu Hause eine elektrische Zahnbürste?*
- Die Mitarbeiterinnen des Teams sollten sich in die Aktivität einbinden und ebenfalls Zahnbürsten präsentieren.

Fitnesstraining

Gesundheit

⏱ 25 | 👥 alle | ⚃

Lernerfahrungen
▶ Kurze Zeitdauer (zum Beispiel mit einer Sanduhr gemessen) mit vorgegebenen, längeren Zeitspannen vergleichen.
▶ Etwas zählen, das man nicht berühren kann.

Durchführung
▶ Diese Aktivität kann separat oder vor einer längeren Bewegungsphase zum Aufwärmen eingesetzt werden.
▶ Fordern Sie die Kinder zu folgenden Übungen auf:
  ▷ fünfmal auf der Stelle hüpfen,
  ▷ dreimal in die Luft springen und dabei Arme und Beine wie eine Schere auf- und zuklappen,
  ▷ viermal mit den Fingerspitzen die Zehen berühren.
▶ Starten Sie die Sanduhr und lassen Sie die Kinder zählen, wie viele Male sie auf und ab springen können, bis der Inhalt der Uhr durchgelaufen ist.
▶ Regen Sie die Kinder dazu an, abwechselnd die Spielgeräte im Außenbereich zu nutzen. Geben Sie dafür jeweils eine bestimmte Zeitspanne vor. Beispiel: *Wenn du mit dem Fahrrad dreimal um den Spielplatz gefahren bist, ist ein anderes Kind an der Reihe.*

→ Sanduhren
→ Kinderfahrräder
→ ggf. lebhafte Popmusik

Vertiefung
▶ Das Bewegungsgefühl der Kinder wird durch Mitzählen gefördert. Beispiel: *Wir machen drei Schritte vorwärts, dann drei Schritte rückwärts. Wir heben unsere Knie fünfmal.*
▶ Der Einsatz rhythmischer Popmusik steigert die Motivation.

Variation
▶ Regen Sie die Kinder dazu an, zu Hause beim Treppensteigen die Stufen zu zählen. Wie viele Stufen gibt es in ihrem Haus?

Mathematik | Zählen und ordnen

Jahreszeiten

Welche Kleidung für welche Jahreszeit?

- 4 Gymnastikreifen
- Fotokarton im Format DIN A4
- schwarzer Filzstift
- Plastiksack
- Auswahl von Kleidungsstücken für Kinder und Erwachsene, die zu bestimmten Jahreszeiten getragen werden

Lernerfahrungen
- Objekte entsprechend vorgegebener Kriterien sortieren.
- Mit der Vorstellung vom Wechsel der Jahreszeiten vertraut werden.
- Alltagsgegenstände zählen.

Durchführung
- Versammeln Sie die Kinder in einem Sitzkreis. Bitten Sie sie, die vier Jahreszeiten zu nennen.
- Leeren Sie einen Sack voll Erwachsenen- und Kinderkleidung, die zu verschiedenen Jahreszeiten getragen werden kann.
- Platzieren Sie zwei Gymnastikreifen in die Kreismitte. Legen Sie in einen Reifen ein Schild mit einem Schneemann, in den anderen ein Schild mit einer Sonne.
- Gehen Sie außen um den Kreis herum und bitten Sie jedes Kind, ein Kleidungsstück auszuwählen und in den entsprechenden Reifen zu legen.
- Ermutigen Sie die Kinder, ihre Entscheidung zu begründen. Beispiel: *Diese Wollmütze gehört zu den Wintersachen, weil wir unseren Kopf warm halten müssen, wenn es draußen kalt ist.*
- Bitten Sie die Kinder, Ihnen beim Zählen der Kleidungsstücke in jedem Reifen behilflich zu sein. Dabei werden die Kinder bemerken, dass im Winter mehr Kleidung getragen wird als im Sommer.

Vertiefung
- Legen Sie zwei weitere Reifen unterschiedlicher Farbe in den Kreis und sagen Sie den Kindern, dass der eine Reifen für den Frühling und der andere Reifen für den Herbst steht.
- Regen Sie die Kinder an, zu beschreiben, wie das Wetter im Frühling und im Herbst ist. Beispiel: *Im Frühling wird es wärmer, weil der Winter zu Ende geht, und im Herbst bereiten wir uns auf die kalten Wintermonate vor.*
- Der Inhalt der Reifen kann Anlass für weitere Gesprächsthemen bieten: Gibt es im Reifen mit den Sommersachen Kleidungsstücke, die man auch dem Frühling zuordnen könnte? Kann Kleidung, die dem Winter zugeordnet ist, auch in den Reifen mit der Herbstkleidung gelegt werden? Wie viele Kleidungsstücke sind nun in jedem Reifen?

Variation
- Regen Sie die Kinder dazu an, zu Hause ihre Kleidungsstücke zu zählen. Wie viele Socken haben sie, wie viele Mützen, Schals usw.?

Der Rechen-Tiger

Lernen mit Tieren

Lernerfahrungen
- Erste Versuche, Mengen zu schätzen.
- Einfache Rechenfehler erkennen und korrigieren.
- Kenntnis von Zahlenfolgen sichern.

Durchführung
- Versammeln Sie die Kinder und setzen Sie sich vor die Gruppe, wobei Sie den Tiger auf Ihrem Schoß halten.
- Erklären Sie, dass Sie heute dem Tiger dabei helfen werden, Zahlen zu lernen.
- Halten Sie fünf Knöpfe verdeckt in Ihrer Hand.
- Ermuntern Sie die Kinder, vorherzusagen, wie viele Knöpfe sich in Ihrer Hand befinden.
- Zählen Sie sie gemeinsam, um festzustellen, wie genau die Schätzungen ausgefallen sind.
- Fordern Sie die Kinder auf, die Augen zu schließen. Erklären Sie, dass der Tiger nun einige Knöpfe wegnehmen wird und dass die Kinder versuchen sollen herauszufinden, wie viele Knöpfe der Tiger genommen hat.
- Geben Sie zunächst vor, dass der Tiger nur einen Knopf genommen hat und zeigen Sie den Kindern die vier übrigen Knöpfe in Ihrer Hand. Steigern Sie die Zahl der Knöpfe, die der Tiger wegnimmt, auf zwei, drei oder mehr.

Vertiefung
- Lassen Sie den Tiger und die Kinder abwechselnd zählen, wobei der Tiger zum Beispiel *zwei* zählt, die Kinder *drei*, der Tiger *vier* und die Kinder wieder *fünf*. Stellen Sie sicher, dass der Tiger manchmal Fehler macht, sodass die Kinder ihn verbessern müssen.
- Stellen Sie dem Tiger Fragen wie: *Welche Zahl kommt vor der Drei?* Gewährleisten Sie bei seinen Antworten, dass ihm viele Fehler unterlaufen.

→ 1 Stofftiger
→ Korb, der groß genug ist, damit der Tiger darin liegen kann
→ Würfel oder Knöpfe; Dinge, die für Kinder einfach zu zählen sind

Mathematik

Zählen und ordnen   55

Lernen mit Tieren

⏱ 25 | 🔑 | ⚃

Mein Tier-Buch

Lernerfahrungen
▸ Grundzahlen 1 bis 9 erkennen.
▸ Die Feinmotorik durch Ausschneiden von Bildern entwickeln.

Durchführung
▸ Zeigen Sie den Kindern die Bilderbücher.
▸ Sprechen Sie mit ihnen über das, was in den Büchern zu sehen ist. Oft werden eine Ziffer und eine Auswahl von Gegenständen gezeigt, um die entsprechende Zahl darzustellen.
▸ Erklären Sie den Kindern, dass sie ihr eigenes Zählbuch mit Tieren anfertigen werden.
▸ Legen Sie mit den Kindern ein Buch mit zehn Seiten an. Lassen Sie die Kinder das Titelblatt gestalten.
▸ Fordern Sie die Kinder auf, ein Tier – zum Beispiel eine Katze – zu finden, auszuschneiden und auf die erste Seite des Buches zu kleben. Auf die zweite Seite können dann zwei Vögel kommen, auf die dritte Seite drei Hunde und so fort.
▸ Setzen Sie diese Arbeitsschritte bis zur Zahl Neun fort.

Vertiefung
▸ Die Kinder können auch Tiere zeichnen oder malen, anstatt sie auszuschneiden und aufzukleben.
▸ Die Kinder können ihre Bücher anderen Kindern zeigen, die nicht in der Gruppe mitgearbeitet haben.

Variationen
▸ Empfehlen Sie den Eltern, regelmäßig gemeinsam mit ihren Kindern die örtliche Bücherei zu besuchen und Bilderbücher auszuleihen.

⇒ Auswahl von Büchern zum ersten Zählen
⇒ lange Streifen von Tonpapier, zu Leporellos gefaltet
⇒ Markierstift
⇒ Zeitschriften und Geschenkpapier mit Abbildungen von Tieren
⇒ Scheren
⇒ Klebstoff
⇒ Bleistifte
⇒ Buntstifte

❗ Die Arbeit mit Scheren erfordert besondere Umsicht.

Zählen und ordnen — Mathematik

Osternester

Feste und Feiern

⏱ 25

Lernerfahrungen
- Erkunden, wie Formen zusammenpassen.
- Ansätze von mathematischen Konzepten und Verfahren nutzen, um praktische Probleme zu lösen.

Durchführung
- Fertigen Sie vorab ein Osternest entsprechend der Anleitung auf S. 121 an, um den Kindern zu zeigen, wie die Schachteln aussehen sollen.
- Helfen Sie den Kindern, die Hasen bunt auszumalen.
- Fordern Sie die Kinder auf, die Vorlage umzudrehen und sie auf dieselbe Weise zu bemalen: Wie viele Hasen sind es insgesamt?
- Zeigen Sie den Kindern zunächst, wie die Hasen entlang den gepunkteten Linien gefaltet werden, und anschließend, wie die Arme der Hasen eingeschnitten und ineinandergesteckt werden.
- Fordern Sie die Kinder auf, ein Papiertuch in ihrer Lieblingsfarbe auszuwählen und das Osternest damit auszulegen.
- Stellen Sie die Osternester gut sichtbar auf den Ostertisch. Erklären Sie den Kindern, dass der Osterhase vielleicht vorbeikommen und die Nester mit Ostereiern füllen wird.

Vertiefung
- Stellen Sie am letzten Gruppentag vor Ostern eine große Tüte mit Schokoladeneiern und einer Nachricht vom Osterhasen auf den Ostertisch. Geben Sie vor, nicht zu wissen, wie man diese Eier gerecht teilen kann. Haben die Kinder vielleicht eine Idee? Helfen Sie den Kindern, Lösungen für das Teilen zu entwickeln.

Variation
- Regen Sie die Kinder an, ihre Ostereier mit ihrer Familie zu teilen: Wie viele Eier bekommt jedes Familienmitglied?

- große Bögen weißes Tonpapier
- Kopiervorlage für die Osternester auf Seite 121 (mit Hilfe der Schablonen Umrisse zeichnen und ggf. vorab ausschneiden, sie erfordern einiges feinmotorisches Geschick)
- Buntstifte
- Bleistifte
- Schere
- verschiedenfarbige Papiertücher, zu Kreisen geschnitten
- viele Schokoladeneier (mehrere für jedes Kind)

Mathematik Zählen und ordnen

Familie

Mein Würfelspiel

Lernerfahrungen
- Mathematische Begriffe während eines Spiels verwenden.
- Würfelaugen erkennen.
- Sich beim Spiel abwechseln.

Vorbereitung
- Fotokopieren Sie für jedes Kind das Spielfeld von S. 125.

Durchführung
- Geben Sie jedem Kind einen Spielbogen und einen Würfel. Bitten Sie die Kinder gegebenenfalls, die Vorlage mit Zeichnungen von ihren Familienangehörigen zu dekorieren. Das „Ziel" kann mit einem Haus geschmückt werden.
- Spielen Sie das Spiel in kleinen Gruppen. Helfen Sie den Kindern dabei, zu erkennen, welche Zahl der Würfel nach einem Wurf zeigt, und die Spielfigur entsprechend viele Felder vorzurücken.

Vertiefung
- Spielen Sie mit den Kindern Domino. Eventuell müssen die Kinder anfangs die Augen auf den Dominosteinen nachzählen. Mit wachsender Spielerfahrung werden sie jedoch in der Lage sein, anhand der Augen die Zahlen Eins, Zwei oder Drei sofort zu erkennen.
- Regen Sie die Kinder dazu an, das Muster, das sich aus vier Augen ergibt, zu betrachten. *Sieht es aus wie ein Quadrat? Ähneln fünf Augen einem Gesicht?*

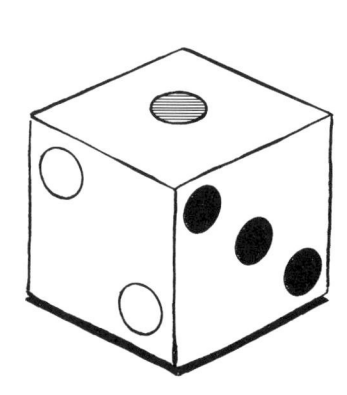

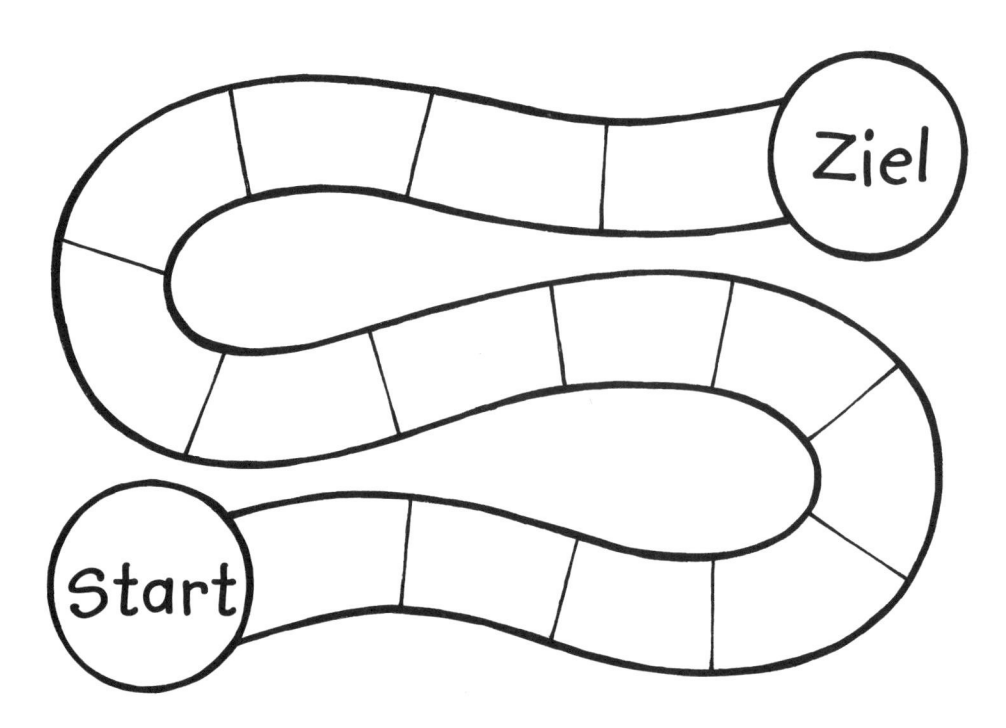

- Vorlage für das Brettspiel (S. 125)
- Spielwürfel
- Klebstoff
- Schere
- Behälter mit Dominosteinen

Zählen und ordnen — Mathematik

Frühstücksschätz(ch)en

Ernährung

⏱ 10   👤 2-4   🎲

Lernerfahrungen
▶ Grundlegendes Schätzen kennen lernen.
▶ Bis zu 10 Alltagsgegenstände zählen.

Durchführung
▶ Stellen Sie eine große Schüssel mit verschiedenen Frühstückszerealien (auf grobe Stücke achten, zum Beispiel Frosties® und dergleichen) in die Mitte eines Tisches. Fordern Sie die Kinder auf, jeweils zehn Stücke abzuzählen.
▶ Geben Sie den Kindern den Auftrag, in Paaren zu arbeiten. Ein Kind hält einige seiner Zerealien-Stücke in der Hand und lässt seinen Partner/ seine Partnerin schätzen, wie viele es sind. Danach werden die Stücke gezählt, um zu prüfen, wie genau die Schätzung gewesen ist.
▶ Zeigen Sie den Kindern die Zerealien-Packungen.
  ▷ Welche Formen können sie auf ihnen entdecken?
  ▷ Wie viele Stücke sind ihrer Schätzung nach in einer kleinen Schachtel?
  ▷ Wie viele Stücke mögen in einer großen Schachtel sein?
▶ Regen Sie die Kinder an, in Zehnereinheiten zu schätzen.

Vertiefung
▶ Fordern Sie die Kinder auf, zu schätzen, wie viele Lebensmittel sich in einem Küchenschrank befinden. Sie können auch Objekte auswählen, zum Beispiel: *Wie viele Teebeutel sind in einer Packung?*

→ verschiedene Sorten Frühstückszerealien
→ große Schüssel
→ kleine Zerealien-Packungen
→ große Zerealien-Packungen

❗ Berücksichtigen Sie mögliche Lebensmittelallergien, insbesondere gegen Nüsse!

Mathematik — Zählen und ordnen

Ernährung

Lieblingsspeisen

- Plakatkarton
- quadratische Blanko-Aufkleber
- Buntstifte
- Klemmbretter
- Papier

Lernerfahrungen
- Ergebnisse einer Gruppe erfassen und protokollieren.
- Mathematische Begriffe hören, zum Beispiel *zählen* oder *Wie viele insgesamt?*
- Sich an die Abendmahlzeit vom Vortag erinnern.

Durchführung
- Versammeln Sie die Kinder in einem Sitzkreis und fordern Sie sie auf, darüber nachzudenken, was sie gestern zu Abend gegessen haben. (Besprechen Sie, dass es verschiedene Bezeichnungen für die Abendmahlzeit gibt, zum Beispiel Abendessen, Abendbrot oder Vesper.) Vielen Kindern mag diese Aufgabe schwierig erscheinen, denn der gestrige Tag liegt für sie bereits lange zurück. Dennoch werden sich einige Kinder eventuell an die zurückliegende Abendmahlzeit erinnern. Erzählen auch Sie, was Sie am Vorabend gegessen haben.
- Notieren Sie die Abendmahlzeiten von fünf Kindern als bildliche Symbole.
- Zeichnen Sie auf einen Plakatkarton ein Raster. In der linken Spalte werden untereinander typische Mahlzeiten als Bild festgehalten.
- Erklären Sie den Kindern, dass Sie nun herausfinden möchten, was jedes Kind am liebsten isst.
- Geben Sie den Kindern die Aufgabe, ihr eigenes Gesicht auf einen Aufkleber zu zeichnen und helfen Sie ihnen dabei, ihren Aufkleber in der rechten Spalte des Rasters in die Zeile mit dem bevorzugten Essen zu kleben.
- Versammeln Sie die Kinder wieder und fordern Sie sie auf, sich die Ergebnisse anzusehen: *Welches Gericht wird in der Gruppe am liebsten gegessen?*

Vertiefung
- Statten Sie einige Kinder mit Klemmbrettern aus und regen Sie sie dazu an, ihre eigene Umfrage zum Thema Essen durchzuführen. Geben Sie ihnen die Aufgabe, sich für zwei unterschiedliche Gerichte zu entscheiden, zum Beispiel Würstchen und Pommes oder Erdbeeren mit Sahne, und diese Gerichte auf Papier zu malen. Danach befragen die Kinder alle anderen darüber, welche dieser beiden Speisen sie bevorzugen. Jede Antwort wird mit einem Strich in der entsprechenden Spalte notiert. Fordern Sie die umfragenden Kinder zum Abschluss auf, die Striche zu zählen und festzustellen, welches Gericht den größten Zuspruch findet.

Variation
- Bitten Sie die Kinder, herauszufinden, welche Gerichte ihre Familienangehörigen am liebsten essen. Notieren Sie die Informationen, die Sie von den Kindern erhalten. Gibt es Menschen mit denselben Vorlieben?

Zählen und ordnen · Mathematik

Mehr oder weniger Blumen?

Natur

⏱ 25

Lernerfahrungen
▶ Erstes Addieren zweier Mengen.
▶ Erstes Subtrahieren.

Durchführung
▶ Versammeln Sie die Kinder in einem Sitzkreis und legen Sie zwei Gymnastikreifen in die Mitte.
▶ Legen Sie drei Blumen in einen Reifen und zwei Blumen in den anderen. Leiten Sie die Kinder dazu an, herauszufinden, wie viele Blumen es insgesamt sind.
▶ Wiederholen Sie diese Schritte mehrmals mit einer verschieden hohen Anzahl von Blumen.
▶ Kinder, die sich bereits sicher fühlen, können selbst Blumen in die Reifen legen und die anderen Kinder nach der Gesamtzahl fragen.
▶ Legen Sie nun einen Reifen beiseite und arbeiten Sie mit nur einem Reifen weiter. Stellen Sie den Kindern eine Stoffkatze vor, die ziemlich frech ist und gleich ein paar Blumen wegnehmen wird. Zeigen Sie den Kindern, wie viele Blumen von der Katze weggenommen worden sind und fragen Sie die Kinder, wie viele Blumen noch im Reifen sind. Wiederholen Sie diese Schritte und lassen Sie die Katze jeweils unterschiedlich viele Blumen mausen.

→ 2 Gymnastikreifen
→ Auswahl künstlicher Blumen
→ Katze (oder anderes Stofftier)

Vertiefung
▶ Zeichnen Sie zwei Katzen auf ein Flip-Chart oder eine Tafel. Fordern Sie die Kinder auf, sich vorzustellen, dass diese Katzen in ihrem Garten sind. Wie viele Katzenpfoten können sie sehen? Wie viele Katzenohren?
▶ Zeichnen Sie zwei Personen und einen Hund. Stellen Sie den Kindern die gleiche Aufgabe wie zuvor und fragen Sie sie, wie viele Beine sie sehen können.

Variation
▶ Die Kinder können dazu angeregt werden, zu Hause numerische Fragestellungen zu erkennen und zu lösen, zum Beispiel: *Wenn ich drei Schokoriegel habe und du zwei – wie viele haben wir zusammen?*

Mathematik — Zählen und ordnen

Gesundheit

Werfen und Fangen

Lernerfahrungen
▶ Über 10 hinaus zählen.
▶ Auge-Hand-Koordination schulen.

Durchführung
▶ Verteilen Sie Spielgeräte, die sich zum Werfen eignen, an die Kinder und geben Sie ihnen die Aufgabe, zunächst allein Hochwerfen und Auffangen zu üben.
▶ Achten Sie darauf, dass die Kinder mit kurzen Würfen beginnen.
▶ Damit die Kinder Sicherheit in der Handhabung der Spielgeräte gewinnen, können sie zum Beispiel ein Bohnensäckchen von einer Hand in die andere geben (durch die Beine hindurch, um den Bauch herum, von hinten nach vorn usw.).
▶ Geben Sie Kindern, die noch unsicher sind, große Softbälle. Sie sind einfacher zu fangen und bergen kaum ein Verletzungsrisiko, sollten sie zum Beispiel einmal ungewollt ein anderes Kind treffen.
▶ Wenn die Kinder an Sicherheit im Umgang mit einem Ball gewonnen haben, erhalten sie die Aufgabe, mit einem anderen Kind zusammenzuarbeiten. Über eine kurze Distanz rollen sie einander zunächst den Ball zu, „kicken" ihn dann mit den Füßen und werfen ihn schließlich.
▶ Geben Sie den Kindern den Auftrag, zu zählen, wie oft sie einander den Ball zuspielen.

Vertiefung
▶ Alle Mitarbeiterinnen des Teams sollten an dieser Aktivität teilnehmen. Sie können als Partner für Kinder fungieren, die bei diesem Spiel noch unsicher sind, oder ein Vorbild geben, indem sie den Kindern zeigen, wie man zum Beispiel beim Fangen steht, die Hände hält und den Ball beobachtet.

Variation
▶ Regen Sie die Kinder dazu an, zu Hause mit ihren Eltern und Geschwistern Werfen und Fangen zu üben. Machen Sie die Kinder darauf aufmerksam, dass sie durch häufiges Üben einen Ball immer öfter werden zuspielen können, ohne ihn fallen zu lassen.

Material:
→ kleine Spielgeräte, die sich zum Werfen eignen, zum Beispiel Bohnensäckchen
→ große Softbälle

Zählen und ordnen — Mathematik

Würfel-Bingo

Spielen

⏱ 25 | 👤 2-4 | 🎲

Lernerfahrungen
- Würfel handhaben und Würfelaugen als Repräsentanten für Zahlen verstehen.
- Zahlen zuordnen und Lücken erkennen, zum Beispiel: *Ich brauche nur noch eine Zahl.*

Vorbereitung
- Fotokopieren Sie die Vorlage von S. 135 auf Papier. Die Kinder dürfen die Kopien ausmalen. Laminieren Sie gegebenenfalls jede Spielvorlage. Schneiden Sie dann die Kärtchen zurecht, die den Feldern auf der Spielvorlage zugeordnet werden.
- Bewahren Sie die Einzelteile des Spiels in einer verschließbaren Klarsichttasche auf.

→ Vorlage auf S. 135
→ Papier
→ Filzstifte
→ Laminierfolie
→ Schere
→ verschließbare Klarsichttasche
→ Spielwürfel

Durchführung
- Um mehr Platz beim Werfen des Würfels zu haben, setzen sich die Kinder zum Spielen auf den Teppich.
- Jedes Kind erhält eine Spielvorlage, die Kärtchen werden auf einem Tisch bereitgelegt. Unterstützen Sie die Kinder dabei, der Reihe nach den Würfel zu werfen, die angezeigte Augenzahl laut zu sagen oder mit den Fingern zu zeigen und dann die passende Karte auf das entsprechende Feld auf der Spielvorlage zu legen.
- Das Kind, dessen Vorlagenfelder zuerst vollständig sind, ruft laut *Bingo!*. Damit hat es gewonnen und darf das Dach auf sein Haus legen.

Mathematik — Zählen und ordnen

Ich bin ich

Meine Finger, meine Füße

Lernerfahrungen
- Körperteile zählen.
- Anzahl schätzen.

Durchführung
- Bilden Sie mit den Kindern einen Sitzkreis. Leiten Sie die Kinder dazu an, ihre Finger und Daumen zu zählen. Geben Sie dabei Impulse: *Wie viele Finger und Daumen haben die Kinder an jeder Hand? Wie viele Finger und Daumen haben sie insgesamt?*
- Lassen Sie die Kinder schätzen: *Wie viele Finger und Daumen haben alle im Raum anwesenden Personen zusammen?*
- Ermuntern Sie die Kinder, die Bezeichnungen für große Zahlen auszusprechen, zum Beispiel *Hunderte*, *Tausende* oder *Millionen*.
- Fordern Sie die Kinder auf, ihre Schuhe und Strümpfe auszuziehen und ihre Zehen zu betrachten. Lassen Sie die Kinder herausfinden, wie viele Zehen sie an einem Fuß haben und wie viele Zehen es an beiden Füßen insgesamt sind.
- Regen Sie das Interesse der Kinder durch weitere Fragen an: *Wie viele Beine hast du? – Wie viele Beine siehst du, wenn du zwei Leute anschaust? – Wie viele Knie hat jeder von uns? Wie viele Schultern haben wir?*

Vertiefung
- Die Kinder malen mit Filzstiften die Umrisse ihrer Hände nach und zählen die Finger auf dem Papier.
- Diese Aktivität kann wiederholt werden, indem die Kinder ihre Füße ummalen und die Zehen auf dem Papier zählen.

Material:
- Papier
- dicke Filzstifte
- Laminierfolie

Mein persönliches Zählbuch

Ich bin ich

⏱ 25   👤 2–4   ⚃

Lernerfahrungen
▶ Zahlen von persönlicher Bedeutung erkennen.
▶ Zahlen als Ordnungsinstrument nutzen.

Durchführung
▶ Geben Sie den Kindern kleine, unlinierte Notizhefte und erklären Sie ihnen, dass Sie ein ganz persönliches Zählbuch erstellen werden.
▶ Auf die erste Seite zeichnen die Kinder sich selbst mit einem Luftballon. In den Ballon malen sie für jedes ihrer Lebensjahre einen Punkt.
▶ Auf der nächsten Seite zeichnen die Kinder das Haus, in dem sie wohnen. Wie viele Fenster haben sie gezeichnet? Lassen Sie die Kinder die Fenster zählen und für jedes Fenster einen Strich neben das Haus zeichnen.
▶ Auf der dritten Seite erstellen die Kinder eine Umrisszeichnung von ihrem Fuß, zählen die Zehen und zeichnen für jeden Zeh einen Kreis neben den Umriss.

Vertiefung
▶ Fertigen Sie aus langen Papierstreifen Hüte für die Kinder. Fordern Sie die Kinder auf, auf ihren Hut eine bestimmte Anzahl von zum Beispiel Blumen oder Sonnen zu malen. Messen Sie für jedes Kind sorgfältig die benötigte Länge des Papierstreifens, damit der Hut passt, und tackern oder kleben Sie die Ränder dann zusammen. Helfen Sie den Kindern dabei, Dreiecke aus dem Papier zu schneiden, um eine Krone zu erhalten. Veranstalten Sie dann eine „Hutschau", bei der die Kinder zählen sollen, wie viele Blumen, Sonnen etc. ihre Freunde oder Freundinnen auf ihren Hut gemalt haben.

Variation
▶ Die Kinder können ihr Zählbuch mit nach Hause nehmen, um es ihren Eltern zu zeigen.

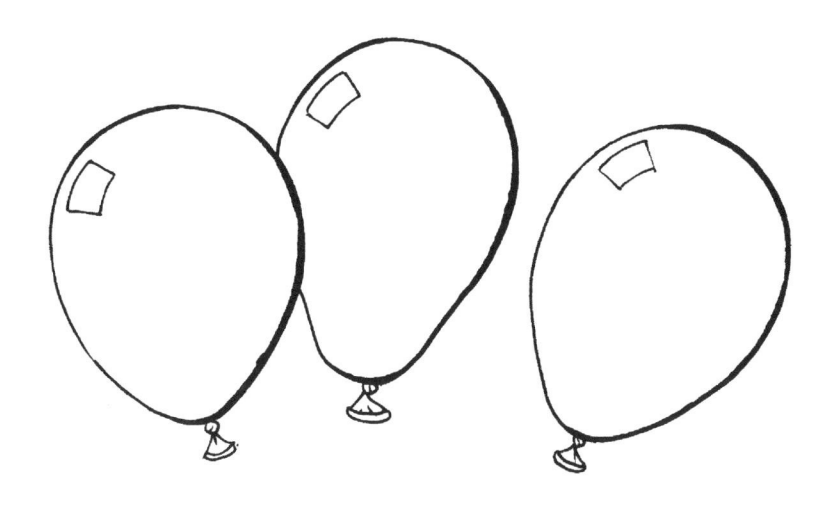

➔ kleinformatige, unlinierte Notizhefte
➔ Bleistifte
➔ Buntstifte
➔ Scheren
➔ lange Streifen Tonpapier
➔ Tacker und Heftklammern

❗ Die Arbeit mit Scheren erfordert besondere Umsicht.

Mathematik   Zählen und ordnen

Helfer im Alltag

Wer hilft uns?

Lernerfahrungen
- Namen der Wochentage im Gespräch gebrauchen.
- Bis zu 10 Personen zählen.
- Sich anderen Menschen gegenüber dankbar zeigen.

Durchführung
- Versammeln Sie die Kinder und erklären Sie ihnen, dass sie heute über Menschen sprechen werden, die ihnen helfen.
- Regen Sie die Vorstellung der Kinder durch Fragen an: Wobei wurde ihnen an diesem Morgen geholfen? Brauchten sie Hilfe, um eine Tür zu öffnen, den Mantel zuzuknöpfen oder das Frühstück zuzubereiten?
- Fordern Sie die Kinder auf, Personen zu nennen, die der Gruppe auf irgendeine Weise helfen, zum Beispiel Eltern, die Ausflüge begleiten, die Müllmänner, der Postbote usw.: *Wie viele Menschen helfen uns insgesamt?*
- Sprechen Sie mit den Kindern die Namen der Wochentage laut oder singen Sie dazu, eventuell nach einer einfachen, selbst erdachten Melodie: *Wie viele Wochentage gibt es?*

Material:
- Fotokarton
- Filzstifte
- Flip-Chart oder Tafel

Vertiefung
- Im Laufe des Jahres können die Kinder dabei helfen, Danksagungen in Form von Karten oder selbst gemalten Bildern für Helfer zu gestalten. Ostern und Weihnachten bieten dafür geeignete Anlässe. Es kann zudem sinnvoll sein, Karten und Bilder gleich im Anschluss an besondere Gruppenereignisse wie einen Ausflug oder einen Elternnachmittag an freiwillige Helfer zu schicken. Auf diese Weise wird den Kindern deutlich, wie viele Menschen für sie da sind. Sie werden darin bestärkt, solche Hilfeleistungen wertzuschätzen. Denken Sie gemeinsam mit den Kindern über die praktische Seite von Danksagungen nach: *Wie viele Karten werden sie benötigen?*

Variation
- Die Kinder können auch versuchen, herauszufinden, welche Dienstleistungen es in ihrer häuslichen Umgebung gibt, zum Beispiel eine Haushaltshilfe, einen Briefträger, die Müllmänner, den Pizza-Boten, den Gärtner im Park usw.

Zählen und ordnen — Mathematik

Wir kaufen ein

Ernährung

⏱ 45 | 👥 alle | 🎲

Lernerfahrungen
▶ Verständnis dafür entwickeln, dass Zahlen als Kennzeichnungen dienen.
▶ In ersten Ansätzen den Wert von Münzen erkennen.
▶ Praktische Erfahrungen beim Einkaufen sammeln, die später im Spiel umgesetzt werden können.

Durchführung
▶ Verschicken Sie einen Brief an die Eltern, in dem Sie um deren Einverständnis bitten, mit den Kindern ein Geschäft aufzusuchen. Um eine angemessene Betreuer-Kind-Relation zu erreichen, kann es durchaus sinnvoll sein, in dem Schreiben zudem um Elternunterstützung zu bitten.
▶ Nutzen Sie den Gang zum Geschäft als Lernerfahrung für die Kinder: Weisen Sie sie unterwegs auf Hausnummern von Privathäusern und Geschäften oder auf die Nummern von Buslinien hin.
▶ Leiten Sie die Kinder im Lebensmittelgeschäft dazu an, ihre eigenen Einkäufe zu erledigen und besprechen Sie mit ihnen dabei die Preise, den Wert der verwendeten Münzen und die Summe des Wechselgeldes, das der Händler zurückgibt.
▶ Wenn die Kinder wieder in den Gruppenraum zurückgekehrt sind, regen Sie sie dazu an, ihren kurzen Ausflug zu beschreiben und von ihren Erfahrungen zu berichten: *Was habt ihr unterwegs gesehen? – Welche Zahlen konntet ihr entdecken? – Wie viele Kinder haben Äpfel gekauft?*
▶ Fordern Sie die Kinder dazu auf, Bilder von ihrem Einkauf zu malen, die dem Lebensmittelhändler als Dank geschickt werden können.

Vertiefung
▶ Richten Sie einen Kaufladen ein, in dem die Kinder ihre Erfahrungen nachspielen können. Benutzen Sie Papp- oder Plastiknachbildungen von Obst und Gemüse, stellen Sie eine Waage, eine Kasse und Pappe für selbst gemalte Preisschilder (Preise als Würfelpunkte) zur Verfügung. Mit etwas Glück spendet Ihr Lebensmittelhändler eventuell Papiertüten, die die Kinder im Spiel verwenden können.

Variation
▶ Bitten Sie die Eltern, ihren Kindern für den Besuch im Lebensmittelgeschäft eine kleine Geldsumme mitzugeben, sodass sie Obst oder Gemüse kaufen können. Eventuell können die Kinder einige Kleinigkeiten (zum Beispiel frische Möhren) für das Abendessen zu Hause einkaufen.

⇨ Elternbrief
⇨ Tragetaschen, damit die Kinder ihre Einkäufe transportieren können
⇨ Erste-Hilfe-Kasten
⇨ Bringen Sie in Erfahrung, in welchem örtlichen Lebensmittelgeschäft das Personal bereit wäre, sich einer großen Kindergruppe anzunehmen. Eine solche Bitte trifft oft auf viel Entgegenkommen und wird als Lernchance für die Kinder gesehen.

❗ Der Besuch in einem Geschäft erfordert die Beaufsichtigung und Anleitung der Kinder im Rahmen einer angemessenen Betreuer-Kind-Relation.

Mathematik | Zählen und ordnen

Ernährung

Eine Gemüsesuppe kochen

Lernerfahrungen
▸ Mengen abmessen, die sich in Alltagszusammenhängen ergeben.
▸ Flüssigkeiten in Gefäße gießen.
▸ Während einer Alltagsverrichtung zählen.

Durchführung
▸ Geben Sie den Kindern die Aufgabe, die Zutaten zu zählen: Wie viele Möhren? Wie viele Zwiebeln? Wie viele Lauchstangen?
▸ Zeigen Sie den Kindern, wie das Gemüse geschält und in kleine Stücke geschnitten wird.
▸ Die nächsten Arbeitsschritte erfolgen durch Erwachsene und in einiger räumlicher Entfernung von den Kindern: In einem Kochtopf wird etwas Butter oder Margarine zerlassen, das geschnittene Gemüse hinzugefügt und unter Rühren etwa fünf Minuten angedünstet. Ein Brühwürfel für Gemüsebrühe wird zerkleinert in den Messbecher gegeben. Im Wasserkocher wird das Wasser zum Kochen gebracht, zum Brühwürfel gegossen und umgerührt, bis der Brühwürfel aufgelöst ist. Die Flüssigkeit wird dem Gemüse zugefügt, alles aufgekocht und 30 Minuten bei kleiner Hitze geköchelt, bis das Gemüse gar ist.
▸ Die Suppe wird zum Abkühlen beiseite gestellt. Geben Sie eine kleine Menge Brühe in einen Messbecher. Die Kinder dürfen abwechselnd ein wenig von der Flüssigkeit durch ein Sieb in einen zweiten Kochtopf abgießen.
▸ Fügen Sie der Suppe die Milch und etwas schwarzen Pfeffer hinzu und erhitzen Sie sie erneut.
▸ Verteilen Sie die Suppe auf Teller. Die Kinder zählen mit: Wie viele Suppenkellen voll bekommt jeder? Warnen Sie die Kinder, dass die Suppe noch sehr heiß sein kann. Zeigen Sie ihnen, dass eine heiße Flüssigkeit schneller abkühlt, wenn man vorsichtig darauf bläst.
▸ Nehmen Sie die Mahlzeit zum Anlass, mit den Kindern darüber zu sprechen, auf welche Art jedes bei der Zubereitung geholfen hat.
▸ Stellen Sie eine gesellige Atmosphäre her, die das Essen zu einem Gemeinschaftserlebnis werden lässt.

Vertiefung
▸ Als Beilage zur Suppe können die Kinder unter Anleitung Brötchen backen (Backmischung oder fertige Brötchen zum Aufbacken).

Variationen
▸ Die Kinder können das Rezept mit nach Hause nehmen, um es dort mit ihren Eltern auszuprobieren.
▸ Weisen Sie die Kinder darauf hin, dass geschnittenes Gemüse oft bekannte Formen hat: kreisförmige Möhrenscheiben, Kartoffelwürfel etc.

- etwas Butter oder Margarine zum Andünsten von Gemüse
- 4 Möhren
- 2 Kohlrabi
- 2 Stangen Lauch
- 1 Zwiebel
- weiteres Gemüse nach Wahl
- 1 Brühwürfel für Gemüsebrühe
- 600 ml Wasser
- etwas schwarzer Pfeffer
- 300 ml halbfette Milch
- Wasserkocher
- Messbecher
- Suppenteller
- Löffel
- Kochlöffel
- Schälmesser
- Messer zum Schneiden von Gemüse
- Sieb
- 2 Kochtöpfe

! Der Umgang mit Schälmessern erfordert erhöhte Umsicht und Beaufsichtigung.

Zählen und ordnen — Mathematik

Jahreszeiten-Uhr

Jahreszeiten

⏱ 20 | 👥 2–4 | ⚄

Lernerfahrungen
▶ Vertraut werden mit dem Wechsel von Jahreszeiten, mit der Abfolge von Tag und Nacht sowie von verschiedenen Tageszeiten.
▶ Verstehen lernen, dass die Jahreszeiten zyklisch verlaufen und jedes Jahr wiederkehren.

Vorbereitung
▶ Fotokopieren Sie für jedes Kind die Vorlage von S. 128 auf weißen Fotokarton.
▶ Schneiden Sie jeweils den Kreis und den Pfeil aus.

Durchführung
▶ Besprechen Sie mit den Kindern, wie die Jahreszeiten heißen. Geben Sie Gesprächsimpulse: *Was wisst ihr über die Jahreszeiten? – Was tun wir im Sommer?* Nehmen Sie die jahreszeitlichen Darstellungen zu Hilfe, um die Vorstellung der Kinder anzuregen. Lassen Sie die Kinder zählen, wie viele Jahreszeiten es insgesamt gibt.
▶ Geben Sie jedem Kind eine Pappscheibe und beauftragen Sie die Kinder, darauf für jede Jahreszeit ein Bild zu malen. Wenn Sie diese Aktivität zum Beispiel im Sommer durchführen, bietet es sich an, dass die Kinder zunächst eine große Sonne malen. Folgen Sie dann dem Lauf der Jahreszeiten und lassen Sie die Kinder als Nächstes ein herbstliches Motiv malen. Fahren Sie auf diese Weise fort, bis die Jahreszeiten-Uhr fertig ist.
▶ Setzen Sie den Pfeil und die Pappscheibe mit einer Briefklammer zusammen.

Vertiefung
▶ Eine solche Pappscheibe kann auch zur Veranschaulichung von Tageszeiten verwendet werden. Beispiel: In das erste Viertel zeichnen die Kinder eine typische Tätigkeit, die sie morgens verrichten. Das zweite, dritte und letzte Viertel füllen sie jeweils mit Zeichnungen von Tätigkeiten, die typisch sind für den Mittag bzw. Nachmittag, den Abend und die Nacht. Wenn sie fertig sind, können sie anhand des Pfeils die jeweilige Tageszeit einstellen.

Variation
▶ Fordern Sie die Kinder auf, auf dem Weg zum Kindergarten einen bestimmten Baum zu beobachten. Die Kinder können so die typischen Anzeichen kennen lernen, an denen man eine Jahreszeit erkennt (kahle Äste im Winter, Blüten und Knospen im Frühling).

▶ Kopiervorlage auf S. 128 oder Pappteller
▶ weißer, zum Kopieren geeigneter Fotokarton im Format DIN-A4
▶ Briefklammer
▶ Buntstifte
▶ Schere
▶ jahreszeitliche Bilder (Kinder, die im Schnee spielen; ein Baum, der seine Blätter verliert; Osterglocken und Lämmer usw.)

❗ **Die Arbeit mit Scheren erfordert besondere Umsicht.**

Mathematik — Zählen und ordnen — 69

Jahreszeiten

⏱ 60 👤 2-4 🎲

Wie viele Blätter hängen am Baum?

- großer Ast eines gefällten Baumes
- runder hölzerner Sockel, um den Ast aufzustellen
- farbige Papiertücher
- weißes Papier
- Scheren
- Haftpunkte
- Klebeband
- grünes Glanzpapier
- verschiedenfarbiges Papier im Format DIN A4, besonders in Orange- und Brauntönen
- Tannenzapfen

❗ **Die Arbeit mit Scheren erfordert besondere Umsicht.**

Lernerfahrungen
- Sich des Jahreszeitenwechsels bewusst werden und die jahreszeitlichen Veränderungen in der Umgebung wahrnehmen.
- Alltagsgegenstände zählen.

Vorbereitung
- Beschaffen Sie einen großen Ast und eine Sockelscheibe aus Holz. Schneiden Sie in den Sockel ein Loch oder drehen Sie eine Schraube durch die Scheibe in den Ast, um ihn daran zu fixieren. Auf diese Weise erhalten Sie einen „Baum", der dem Jahreszeitenwechsel entsprechend dekoriert werden kann. Stellen Sie den Baum bei den Mathematikmaterialien auf.

Durchführung
- Sprechen Sie mit den Kindern über die aktuelle Jahreszeit und regen Sie das Gespräch durch Impulse an: *Wie sehen die Bäume zu dieser Jahreszeit aus? – Wie könnt ihr den Baum so herrichten, dass er aussieht wie die Bäume draußen?* Im Winter können zum Beispiel weiße Papierschnipsel als Schneeflocken an die Zweige geklebt werden. Im Frühling können grüne Papiertuchkugeln Knospen oder Blüten darstellen. Mit grünen Blättern aus Papier und Vögeln aus Papierfächern kann der Baum sommerlich dekoriert werden. Blätter aus Papier in Orange und Braun sowie Tannenzapfen, die rund um den Baum verstreut werden, sorgen für herbstliche Stimmung.
- Fordern Sie die Kinder auf, die verschiedenen Objekte am und um den Baum zu zählen.

Vertiefung
- Betrachten Sie mit den Kindern die Geburtstagsballons (siehe S. 33), die Sie im Raum aufgehängt haben. Wissen die Kinder, in welche Jahreszeit ihr Geburtstag fällt? Entsprechend kann von der Jahreszeit auf die Monate geschlossen werden: Wenn ein Kind im Winter Geburtstag hat – welche Monate kommen dann in Frage?

Variation
- Kinder, die zu Hause einen Garten haben, könnten ihre Eltern bitten, ein eigenes Beet zu bekommen. Diejenigen, die keinen Garten haben, könnten sich eventuell um einen eigenen Blumenkasten oder eine Topfpflanze kümmern.

Zählen und ordnen

Mathematik

Bären-Uhr

Jahreszeiten

⏱ 20 | 👤 2–4 | ⚄

Lernerfahrungen
▸ Wiederkehrende Alltagshandlungen mit einer bestimmten Uhrzeit verbinden, zum Beispiel: *Um 12 Uhr gehen wir nach Hause.*
▸ Zahlen auf ein Zifferblatt schreiben.
▸ Verständnis für zeitliche Abläufe entwickeln.

Vorbereitung
▸ Fotokopieren Sie für jedes Kind die Vorlage von S. 129 auf weißen Fotokarton. Die Kinder können die Kopien später ausmalen.

Durchführung
▸ Zeigen Sie den Kindern eine Auswahl verschiedener Uhren. Nehmen Sie die Uhren als Ausgangspunkt für Überlegungen wie: *Wie viel Uhr ist es jetzt? – Wann ist Vorlesezeit? – Zu welcher Uhrzeit wird zu Mittag gegessen?*
▸ Erklären Sie den Kindern, dass sie heute eine Bären-Uhr anfertigen werden.
▸ Verteilen Sie Wachsmalstifte an die Kinder und geben Sie ihnen die Aufgabe, ihre Vorlage auszumalen. Schreiben Sie die Zahlen auf die Uhren.
▸ Laminieren Sie die fertigen Vorlagen, falls dazu genügend Zeit ist. Schneiden Sie die Bären und die Uhrzeiger aus.
▸ Befestigen Sie die Uhrzeiger mit Briefklammern auf den Zifferblättern. Vielleicht können einzelne Kinder dies auch selbst bewältigen.

Vertiefung
▸ Die Kinder sitzen mit ihren Uhren in einem Kreis. Zur Veranschaulichung eignet sich eine Demonstrationsuhr oder eine große, selbst gefertigte Uhr aus weißem Karton mit aufgeklebten Ziffern aus Pappe, die an einer Wand befestigt wird.
▸ Stellen Sie auf Ihrer Uhr eine Uhrzeit ein, die für die Kinder von Bedeutung ist, zum Beispiel: *Um zehn Uhr ist Frühstückszeit.* Fordern Sie die Kinder auf, dieselbe Zeit auf ihren Uhren einzustellen.

Variationen
▸ Bitten Sie die Eltern, verschiedene Uhren, die sie entbehren können, für dieses Thema auszuleihen (zum Beispiel Wecker, Eieruhren, Reisewecker, Armbanduhren, Stoppuhren usw.).
▸ Geben Sie den Kindern den Auftrag, zu zählen, wie viele Uhren es bei ihnen zu Hause gibt.

▸ Kopiervorlage (Bären-Uhr) auf S. 129
▸ weißer Fotokarton
▸ Auswahl verschiedener Uhren
▸ Wachsmalstifte
▸ Schere
▸ Briefklammern
▸ schwarze Filzstifte
▸ Vorlagen für Ziffern

❗ **Beim Anbringen der Briefklammern ist besondere Umsicht erforderlich.**

Mathematik — Zählen und ordnen

Spielen

Unser Tiger frisst Zahlen!

Lernerfahrungen
- Zahlen (oder Zahlenwerte) erkennen.
- Verständnis von Zahlenfolgen nutzen.
- Zwei Zahlen vergleichen und Begriffe wie *größer als* und *kleiner als* verwenden.
- Ausgehend von einer Zahl zwischen 1 bis 10 *mehr* oder *weniger* bestimmen.

Durchführung
- Den Kindern wird der Tiger vorgestellt (siehe S. 44).
- Erzählen Sie den Kindern, dass der Tiger heute sehr hungrig ist und dass er Ihnen gerade zugeflüstert hat, wie gern er Zahlen frisst.
- Zeigen Sie den Kindern die großen Karten. Fordern Sie die Kinder auf, die Würfelaugen zu zählen und die Zahlen zu nennen.
- Erklären Sie den Kindern, dass Sie den Tiger mit einer der Karten füttern werden. Die Kinder haben dann die Aufgabe, herauszufinden, welche Zahl fehlt.
- Halten Sie die Würfelaugen auf den Karten verdeckt, während Sie eine der Karten dem Tiger geben. Decken Sie dann die übrigen Karten wieder auf und stellen Sie fest, ob die Kinder die fehlende Zahl bestimmen können.
- Die Kinder versuchen mit Ihrer Hilfe zu erklären, wie sie herausgefunden haben, welche Zahl der Tiger gefressen hat.

Vertiefung
- Zeigen Sie den Kindern eine Karte und kündigen Sie an, dass Sie den Tiger fragen werden, welche die darauf folgende Zahl ist. Lassen Sie den Tiger eine falsche Antwort geben, damit die Kinder ihm die richtige Zahl sagen können. Wiederholen Sie diese Schritte mehrmals.
- Zeichnen Sie zwei Zahlen (gegebenenfalls in Form von Würfelaugen) auf ein Flip-Chart oder an eine Tafel. Lassen Sie den Tiger auf die jeweils größere oder kleinere Zahl zeigen, während Sie fragen: *Welche Zahl ist größer (kleiner) als diese Zahl?* Die Kinder überlegen, ob die Antwort des Tigers richtig oder falsch ist.

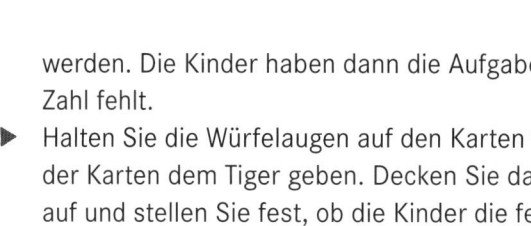

- Tiger (nach Möglichkeit mit einem Maul, das geöffnet werden kann)
- Flip-Chart oder Tafel
- Filzstift oder Kreide
- große Karten mit Zahlen von 1 bis 10 (ggf. dargestellt als Würfelaugen)
- kleinere Karten mit Zahlen von 1 bis 10 (ggf. dargestellt als Würfelaugen)

Zählen und ordnen — Mathematik

Wie viele Räder?

Reise und Verkehr

Lernerfahrungen
▶ Zählen.
▶ Begriffe in Zusammenhang mit Addition und Subtraktion verwenden.
▶ Beginnen, Addition mit dem Zusammenfügen von zwei Objektmengen in Verbindung zu bringen.

Durchführung
▶ Die Kinder sitzen im Kreis und erhalten je eine Kunststofftafel und einen abwischbaren Markerstift.
▶ Zeichnen Sie ein Fahrrad auf ein Flip-Chart oder an eine Tafel. Fordern Sie die Kinder auf, ebenfalls ein Fahrrad auf ihre Tafeln zu malen und dann die Räder zu zählen.
▶ Wiederholen Sie die Arbeitsschritte mit zwei und drei Fahrrädern.
▶ Zeichnen Sie ein Auto und fragen Sie die Kinder nach der Anzahl der Räder.
▶ Werfen Sie die Frage auf, warum man auf dem Bild nur zwei statt vier Räder sehen kann. Erklären Sie den Kindern, dass die zwei Räder auf der anderen Seite des Autos aus der Perspektive des Betrachters verdeckt sind. Geben Sie den Kindern die Aufgabe, zwei Autos zu zeichnen: *Wie viele Räder sind es insgesamt?*
▶ Fragen Sie die Kinder, wie viele Räder ein Dreirad im Vergleich zu einem großen LKW hat. Wie kommen die Kinder zu der Annahme, dass ein LKW mehr Räder hat? Was fällt ihnen zu der Größe von LKW-Rädern auf?

→ Kunststofftafeln
→ Flip-Chart oder Tafel
→ abwischbare Markerstifte

Vertiefung
▶ Geben Sie den Kindern erneut die Aufgabe, zwei Fahrräder zu zeichnen. Zeichnen Sie zwei Fahrräder auf das Flip-Chart oder an die Tafel. Erzählen Sie den Kindern, dass gerade ein kleiner Junge vorbeigekommen ist und von einem der Fahrräder ein Rad abmontiert hat. Wischen Sie ein Rad weg und fordern Sie die Kinder auf, zu zählen, wie viele Räder übrig sind. Wiederholen Sie diese Arbeitsschritte mit unterschiedlich vielen Fahrrädern.

Mathematik — **Zählen und ordnen**

Farben

Buntes Würfelspiel

Lernerfahrungen
▶ Sich beim Spielen abwechseln und verstehen, dass man bei einem Spiel verlieren kann.
▶ Die Farben auf einem Würfel erkennen und adäquat darauf reagieren, indem eine Spielfigur auf das entsprechende Farbfeld vorgerückt wird.
▶ Spielfelder abzählen.

Vorbereitung
▶ Fotokopieren Sie die Brettspielvorlage von S. 123. Malen Sie die Felder abwechselnd rot, blau und gelb aus und laminieren Sie die Vorlage.
▶ Fotokopieren Sie den Würfel von S. 127. Malen Sie jeweils zwei der Seiten mit rotem, blauem und gelbem Filzstift aus, laminieren Sie die Vorlage zur besseren Haltbarkeit und kleben Sie den Würfel zusammen.

Durchführung
▶ Versammeln Sie eine kleine Gruppe und erklären Sie den Kindern, dass sie heute ein Spiel mit Farben spielen.
▶ Zeigen Sie ihnen den Würfel und das Spielbrett. Fragen Sie sie, welche Farben sie erkennen können.
▶ Entscheiden Sie, welches Kind beginnt. Der Würfel wird gerollt und das Kind sagt, welche Farbe der Würfel anzeigt. Das Kind bewegt seine Spielfigur dann zum nächsten entsprechenden Farbfeld. Gewinner ist, wer zuerst das Ziel erreicht.

Vertiefung
▶ Falls es Ihnen möglich ist, den Außenbereich mit Farben zu gestalten, sind großflächig aufgemalte Spielfelder wie Schlangen und Sprossen für Kinder besonders interessant. Zu diesem Zweck kann Straßenkreide verwendet werden.
▶ Geben Sie den Kindern einen großen Schaumstoffwürfel und leiten Sie sie dazu an, die Würfelaugen zu zählen.
▶ Malen Sie mit Straßenkreide ein Feld für „Himmel und Hölle" oder eine Raupe aus Farbfeldern auf den Boden, an der die Kinder entlanghüpfen können.

Variation
▶ Empfehlen Sie den Eltern, zu Hause mit ihren Kindern Gesellschaftsspiele zu spielen, zum Beispiel Schlangen- und Leiterspiele, Mensch-ärgere-dich-nicht oder Mausefalle.

→ Kopiervorlage für das Brettspiel auf S. 123
→ Kopiervorlage für den Würfel auf S. 127, statt mit Formen mit den benötigten Farben bemalen
→ Spielfiguren
→ Filzstifte (rot, blau, gelb)
→ Klebstoff
→ Schere
→ Laminierzubehör
→ großer Tisch
→ Straßenkreide
→ 1 großer Schaumstoffwürfel

Bewahren Sie alle Spiele zusammen mit den Mathematik-Materialien auf. Die Kinder sollten ein Brettspiel nur in Anwesenheit eines Erwachsenen spielen, der sie zu Fairness und konstruktivem Verhalten anleitet.

Zählen und ordnen — Mathematik

Fleißige Gärtner

Natur

⏱ 60 | 👤 2–4 | ●

Lernerfahrungen
▶ Objekte entsprechend ihrem Fassungsvermögen ordnen.
▶ Mathematische Begriffe bei Alltagsaktivitäten verwenden.

Durchführung
▶ Bitten Sie die Kinder, Ihnen bei der Pflege des Außenbereiches zu helfen, indem sie die Pflanzen und Blumen wässern.
▶ Geben Sie ihnen verschiedene Wasserbehälter wie Krüge, Eimer, Gießkannen und Kochtöpfe. Erteilen Sie ihnen den Auftrag, herauszufinden, welcher Behälter das meiste Wasser fassen kann.
▶ Die Kinder werden viel Freude an diesem Experiment haben und die Pflanzen (falls Sie welche gezogen haben) ausgiebig wässern.
▶ Sprechen Sie ab, welche Aufgaben Ihrer Ansicht nach im Außenbereich erledigt werden müssen, zum Beispiel Gießen, Entfernen abgeblühter und trockener Pflanzenteile, Überprüfen, dass nach der Arbeit alle Geräte wieder an ihrem Platz sind usw.

Vertiefung
▶ Erteilen Sie diese Aufträge als Teil der täglichen Gruppenroutine. Ein solches Vorgehen leitet die Kinder dazu an, für ihre Umgebung Verantwortung zu übernehmen.
▶ Die Gestaltung des Außenbereichs ist ein wesentlicher Aspekt des Gruppenlebens. Um die nötigen Mittel für Bepflanzungen, Zubehör und geeignete Bodenbeläge für Spielbereiche zu beschaffen, sind Spendenaktionen denkbar, die Sie sich in Ihrem Team ausdenken. Örtliche Gartenzentren und Baumärkte sind eventuell bereit, mit Materialspenden zu helfen.

Materialien:
→ Auswahl von Wasserbehältern
→ Außenbereich
→ einige Blumen und Gemüsepflanzen
→ ggf. Gartengeräte
→ Plakatkarton
→ dicker Filzstift

Variation
▶ Laden Sie die Eltern zu Pflanzaktionen ein. Manche Eltern mögen sogar willens sein, Blumentöpfe oder eine Gartenbank zur Verfügung zu stellen.

Mathematik — Messen

Wasser

Eisfiguren

⏱ 60 | 👥 alle | •

- große Gummihandschuhe
- Luftballons
- 1 kleine Tasse
- Lebensmittelfarbe
- Gefrierschrank

Lernerfahrungen
▸ Herausfinden, wie viel Wasser benötigt wird, um einen Gummihandschuh und einen Ballon zu füllen.
▸ Beobachten, wie lange es dauert, bis eine Eisfigur geschmolzen ist.

Durchführung
▸ Zeigen Sie den Kindern einen Gummihandschuh und lassen Sie sie zählen, wie viele Tassen Wasser nötig sind, um ihn zu füllen.
▸ Verschließen Sie den Handschuh dicht und hängen Sie ihn im Gefrierschrank auf.
▸ Lassen Sie die Kinder darüber nachdenken, was im Gefrierschrank mit dem Handschuh passiert.
▸ Wie lange wird es nach Einschätzung der Kinder dauern, bis das Wasser im Handschuh gefroren ist? Für gewöhnlich nimmt das Gefrieren einen Tag und eine Nacht in Anspruch.
▸ Ein Luftballon wird auf dieselbe Weise wie der Handschuh mit Wasser gefüllt, zum Gefrieren allerdings mit einem Knoten verschlossen.
▸ Wenn die Figuren gefroren sind, werden sie in eine flache Schale gelegt. Der Handschuh und der Ballon werden weggeschnitten. Geben Sie den Kindern Gelegenheit, die Figuren zu betrachten und das Eis zu betasten.
▸ Regen Sie die Kinder dazu an, zu verfolgen, wie lange es dauert, bis die Figuren geschmolzen sind.

Vertiefung
▸ Wird das Wasser, mit dem der Gummihandschuh gefüllt wird, mit etwas Lebensmittelfarbe gefärbt, erhält die Eisfigur eine noch interessantere Wirkung.

Variation
▸ Fragen Sie die Kinder nach den Erfahrungen, die sie zu Hause mit Eis gemacht haben. Eventuell kennen sie Eiswürfel für Erfrischungsgetränke im Sommer, oder sie benötigten schon einmal eine Eispackung zur Kühlung bei Kopfschmerzen oder bei einer Verstauchung.

Mit der Familie unterwegs

Familie

⏱ 20 | 👤 alle | ⚃

Lernerfahrungen
▶ Über vergangene Ausflüge und Reisen sprechen, zum Beispiel über eine Fahrt zu einem Erlebnispark oder einen Urlaub an der See bzw. in den Bergen.
▶ In Ansätzen eine Vorstellung von unterschiedlichen Zeitspannen gewinnen, zum Beispiel von der Zeit, die eine Fahrt an die Nord- bzw. Ostsee oder in die bayerischen Alpen in Anspruch nimmt.

Durchführung
▶ Stellen Sie den Kindern ein Stofftier vor, das Sie unterwegs begleitet, und zeigen Sie ihnen Bilder, auf denen Sie und Ihr Stofftier an bekannten örtlichen Plätzen wie zum Beispiel in einem Park oder einem Waldstück zu sehen sind. Die Fotos können auch bei Ihnen zu Hause aufgenommen werden.
▶ Beschreiben Sie jeden Ausflug und erklären Sie dabei, welches Verkehrsmittel Sie benutzt haben und wie lange die Fahrt gedauert hat.
▶ Informieren Sie die Eltern:
Liebe Eltern,
in unserer Gruppe gibt es ein ganz besonderes Stofftier, das gerne mit Familien unterwegs ist. Ihr Kind hat die Möglichkeit, es für Urlaubsreisen oder Familienbesuche auszuleihen. Falls möglich, wären wir sehr dankbar für ein Foto, auf dem Ihr Kind und das Stofftier am Reiseziel zu sehen sind.
▶ Wenn die Kinder von ihrer Reise mit dem Stofftier zurückkommen, ermuntern Sie sie, über ihre Fahrt und die Reisedauer zu berichten. Kinder mit einem schon gut entwickelten Zeitverständnis mögen sich mit Kommentaren äußern wie: *Wir sind nach dem Frühstück losgefahren und waren erst zur Schlafenszeit da. Es war eine sehr lange Fahrt.*
▶ Die Reisen des Stofftieres können anhand einer Tabelle veranschaulicht werden, die Sie gemeinsam mit den Kindern anlegen und die zeigt, wie oft und/oder wie lange das Stofftier per Flugzeug, Auto oder Zug unterwegs gewesen ist.

Vertiefung
▶ Richten Sie eine Schautafel ein, die ausschließlich dem Reise-Stofftier gewidmet ist. Stellen Sie Landkarten, Ansichtskarten und Fotos aus, die zeigen, wohin das Stofftier gereist ist. Stellen Sie einen Tisch mit einem Globus daneben und legen Sie die Mitbringsel darauf aus, die das Stofftier von seinen Reisen mitgebracht hat, zum Beispiel Muscheln, kleine Souvenirs oder Reiseführer. Halten Sie in einem Notizbuch fest, wann ein Kind das Stofftier ausgeliehen hat.

→ Fotos
→ Elternbrief
→ Stofftier
→ Schautafel
→ Tisch zum Ausstellen von Anschauungsmaterial
→ Ideen für Anschauungsmaterial siehe S. 134
→ Plakatkarton
→ Plakatfarben
→ Notizbuch
→ Landkarten
→ Globus
→ Postkarten
→ Bilder

Mathematik — Messen

Wasser

⏱ 20 | 👥 2-4 | ⚃

Leer, halb voll, voll

Lernerfahrungen
- Fassungsvermögen in Worten beschreiben.
- Einführung in Messverfahren.
- Spielerisch mit Fassungsvermögen und Volumen umgehen.

→ mehrere Plastikbehälter
→ Wasserbecken
→ Wasser
→ Lebensmittelfarbe
→ Sandkiste, Sand

Durchführung
- Der geeignetste Zeitpunkt für diese Aktivität ist der Sommer, wenn im Außenbereich ein Wasserbecken aufgestellt werden kann und die Kinder ausgiebig mit dem Wasser experimentieren können. Ein wenig Lebensmittelfarbe im Wasser trägt zur Motivierung bei und macht diese Aktivität noch spannender.
- Versammeln Sie die Kinder um das Wasserbecken und kündigen Sie an, dass Sie ihnen verschiedene Dinge zeigen werden, die sie mit dem Wasser und einem Plastikbehälter tun können.
- Zeigen Sie den Kindern zunächst einen Behälter und fragen Sie sie, wie man ein Gefäß beschreibt, in dem nichts drin ist. Bestätigen Sie sie in der Aussage, dass der Behälter leer ist.
- Zeigen Sie den Kindern dann, wie man das Gefäß halb voll und voll gießt.
- Zeigen Sie den Kindern zum Abschluss, wie der Behälter zum Überfließen gebracht wird.

Vertiefung
- Regen Sie die Kinder dazu an, selbst am Wasserbecken mit verschieden großen Behältnissen zu experimentieren.
- Es sollte nicht vergessen werden, dass auch das Volumen von Trockenmaterialien gemessen werden kann. Entsprechend eignet sich diese Aktivität auch für den Sandkasten als Übungsfeld für die relevanten Begriffe.

Variation
- Ermuntern Sie die Kinder dazu, ihren Eltern beim Abwaschen, in der Badewanne oder während des Sommers im Planschbecken zu zeigen, was sie gelernt haben.

Regenwasser sammeln

Wetter

⏱ 60 | 👥 alle | 🎲

Lernerfahrungen
▶ Fassungsvermögen und Volumen in einer Alltagssituation erkunden.
▶ Begriffe für Fassungsvermögen und Volumen gebrauchen.
▶ Nicht-standardisierte Messverfahren einsetzen.

Vorbereitung
▶ Schneiden Sie eine durchsichtige Wasserflasche aus Plastik in der Mitte durch. Als Sammelbehälter für Regenwasser wird nur der obere Teil der Flasche mit dem Verschluss benötigt. Bereiten Sie mehrere Flaschen auf dieselbe Weise vor.

Durchführung
▶ Zeigen Sie den Kindern einen der vorbereiteten Sammelbehälter. Erklären Sie ihnen, wie man einen Becher voll Wasser hineingießt und den Wasserstand mit einem wasserfesten Filzstift markiert. Wenn das Regenwasser die Markierung erreicht, entspricht das dem Inhalt eines ganzen Bechers.
▶ Wiederholen Sie diese Schritte für zwei und drei Becher.
▶ Gehen Sie mit den Kindern in den Außenbereich und geben Sie ihnen den Auftrag, geeignete Plätze für die Sammelbehälter zu finden. Fixieren Sie die Behälter in Löchern im Erdreich. Jetzt braucht es nur noch zu regnen.

Vertiefung
▶ Die Kinder können täglich über die gesammelten Regenwassermengen berichten und eine Tabelle erstellen. Beispiel: *Am Montag hat es einen Becher Wasser geregnet.*
▶ Führen Sie die Niederschlagsmessung über mehrere Monate hinweg durch. Fragen Sie die Kinder am Monatsende, ob es ein trockener oder regenreicher Monat gewesen ist.

Variationen
▶ Ermuntern Sie die Kinder, herauszufinden, ob bei ihnen zu Hause Regenwasser gesammelt wird.
▶ Fordern Sie die Kinder auf, darüber nachzudenken, wie sie ihren Eltern dabei helfen können, Wasser zu sparen. Beispiel: Kinder baden gemeinsam.

→ durchsichtige PET-Flaschen
→ scharfe Schere
→ Außenbereich, in dem die Sammelbehälter platziert werden
→ wasserfester Filzstift

❗ Prägen Sie den Kindern ein, Regenwasser nicht zu trinken, da es Umweltgifte enthalten kann.

Mathematik — **Messen**

Natur

Ich bin so groß wie diese Blume!

- Schnur
- Poster mit Messtabellen (im Buchhandel erhältlich)
- Messleiste
- weißer Zeichenkarton DIN A4
- kleinformatige Pappschilder
- Bleistifte und Buntstifte
- Scheren
- Klebeband
- dicke Filzstifte

! Die Arbeit mit Scheren erfordert besondere Umsicht.

Lernerfahrungen
- In der Gruppe die individuellen Körpergrößen vergleichen und anordnen.
- Erkennen, dass jedes Kind stetig wächst.
- Messverfahren anwenden.

Durchführung
- Geben Sie fünf Kindern die Aufgabe, sich gegenseitig aufmerksam zu betrachten: Wer ist am größten? Wer ist am kleinsten? Fordern Sie die Kinder auf, sich nach Größe angeordnet aufzustellen.
- Bringen Sie im Gruppenraum eine Messleiste an.
- Arbeiten Sie mit jedem Kind einzeln. Fordern Sie die Kinder auf, sich vor die Messleiste zu stellen und schneiden Sie ein Stück Schnur in der Körperlänge jedes Kindes zurecht.
- Geben Sie den Kindern den Auftrag, auf den Zeichenkarton eine Blüte zu malen und ein Ende ihrer Schnur am unteren Ende der Blüte festzukleben. Achten Sie darauf, neben jede Blüte den Namen des entsprechenden Kindes zu schreiben oder sein Foto hineinzukleben.
- Für manche Kinder mag es einfacher sein, eine Blütenvorlage auszumalen und auszuschneiden.
- Fixieren Sie die Blütenbilder entlang einer Wand Ihres Gruppenraums, um zu veranschaulichen, dass die Kinder der Gruppe unterschiedlich groß sind.

Vertiefung
- Diese Aufgabe eignet sich für den Beginn des Jahres, sodass die Kinder ihr eigenes Wachstum über einen längeren Zeitraum hinweg überprüfen können.
- Nutzen Sie Gelegenheiten wie das Betrachten eines Gruppenfotos, um zum Beispiel der Frage nachzugehen, ob die Kinder auf dem Bild ihrer Größe entsprechend angeordnet aufgestellt sind.

Variation
- Empfehlen Sie den Eltern, zu Hause für ihr Kind eine Messleiste anzubringen, auf der einmal monatlich die Körperlänge des Kindes vermerkt wird. Auf diese Weise kann das Kind sein Körperwachstum verfolgen.

Riesengroße Sonnenblumen

Natur

Lernerfahrungen
- Begriffe verwenden, die Größen beschreiben, wie *am kürzesten* oder *am höchsten*.
- Schätzen, wie viele Sonnenblumensamen sich in einer Tüte befinden.

Durchführung
- Der beste Zeitpunkt für die Aussaat von Sonnenblumen ist der Monat April.
- Fordern Sie die Kinder dazu auf, sich eine Samentüte anzusehen. Wie viele Samen sind ihrer Schätzung nach darin?
- Öffnen Sie eine Tüte vorsichtig und unterstützen Sie die Kinder dabei, gemeinsam mit Ihnen die Samen zu zählen.
- Geben Sie den Kindern Vergrößerungsgläser, damit sie die Samenkörner genau betrachten können.
- Zeigen Sie den Kindern an einem Beispiel, wie Sonnenblumensamen gesetzt werden. Danach säen die Kinder selbstständig Sonnenblumensaat in die Blumentöpfe.
- Säen Sie einige Sonnenblumen zusätzlich als Reserve, falls die Saat einiger Kinder nicht aufgehen sollte.
- Während die Sämlinge heranwachsen, können sie von den Kindern nach Größe geordnet aufgestellt werden.

Vertiefung
- Das Wachstum der Sonnenblumen kann anhand von Fotos dokumentiert werden. Leiten Sie die Kinder an, ihre Pflanzen jeden Tag zu beobachten und zu überprüfen, ob sie Veränderungen feststellen können oder ob die Sämlinge Wasser brauchen.
- Nach einigen Wochen können die Kinder die Pflanzen mit nach Hause nehmen und dort gegebenenfalls im Garten einpflanzen. Setzen Sie die überzähligen Sonnenblumen in ein Beet im Außenbereich der Gruppe ein. Die Kinder können so das weitere Wachstum der Blumen verfolgen.

Variation
- Eventuell sind Eltern dazu bereit, zur Beschaffung von ausreichend Töpfen, Sonnenblumensamen und Blumenerde beizutragen. Jedes Kind sollte seine eigene Sonnenblume haben, was allerdings einen hohen Materialaufwand erfordert.

- Fotos und Bilder von Sonnenblumen
- Tüten mit Sonnenblumensaat
- Vergrößerungsgläser
- Gießkannen
- Blumentöpfe
- Torf
- Blumenerde
- Stellplatz für die Sämlinge (in Blickhöhe der Kinder)
- Kamera

Gesundheit

⏱ 10

→ Lineale oder Maßbänder
→ Schullineal (1 Meter)
→ Straßenkreide

Große Schritte, kleine Schritte

Lernerfahrungen
▶ Die Fähigkeit zu schätzen vertiefen.
▶ Nicht-standardisierte Verfahren zum Ausmessen der räumlichen Umgebung anwenden.

Durchführung
▶ Im Außenbereich werden die Kinder dazu aufgefordert zu schätzen, mit wie vielen Sprüngen sie zum Beispiel die Wiese überqueren können. Geben Sie den Kindern Gelegenheit, dies auszuprobieren und die Genauigkeit ihrer Schätzung zu überprüfen.
▶ Zeigen Sie den Kindern, wie man Riesenschritte macht. Leiten Sie sie dazu an abzuschätzen, wie viele solcher Schritte sie benötigen, um eine bestimmte Entfernung zurückzulegen.
▶ Wiederholen Sie die Übung mit kurzen Trippelschritten.
▶ Kehren Sie in das Gebäude zurück und geben Sie den Kindern die gleichen Aufträge, diesmal sollen sie zum Beispiel einen langen Flur abmessen. Regen Sie das Gespräch der Kinder über ihre Ergebnisse an: *Ich musste zehn Riesenschritte machen, um ans andere Ende des Flurs zu kommen.*

Vertiefung
▶ Falls möglich, kann auf den Boden im Außenbereich eine Spur mit Fußabdrücken gemalt werden, die die Kinder in ihre Spiele einbeziehen können.
▶ Legen Sie eine Auswahl von Linealen, Maßbändern oder Schullinealen (ein Meter) im Gruppenraum aus; für die Kinder ist es wichtig zu wissen, dass mit diesen Gegenständen Längen gemessen werden.
▶ Ebenso wie ihre Füße können die Kinder auch ihre Hände zum Messen nutzen, zum Beispiel: den Tischumfang mittels gespreizter Hände messen.

Variation
▶ Wie viele Trippelschritte benötigen die Kinder, um ihren Hausflur zu durchqueren? Wie viele Riesenschritte? Vielleicht haben ihre Eltern Lust, mitzumachen: Brauchen die Erwachsenen ebenso viele Schritte?

Messen   Mathematik

Wasserträger-Wettlauf

Wasser

⏱ 10 | 👥 alle | ⚂

Lernerfahrungen
▶ Begriffe, die Fassungsvermögen beschreiben (zum Beispiel *voll*) anwenden.
▶ Zählen, wie viele Becher die eigene Mannschaft transportieren kann.
▶ Erste Kenntnisse darüber erwerben, wie bei Wettrennen Zeit gemessen wird.

Durchführung
▶ Diese Aktivität eignet sich besonders gut für einen Spiel- und Sporttag.
▶ Teilen Sie die Kinder in Mannschaften auf.
▶ Geben Sie einer Mannschaft einen Eimer voll Wasser, einen Plastik-Tennisschläger und einen Plastikbecher. Stellen Sie in einiger Entfernung einen leeren Eimer auf. Versammeln Sie dahinter die anderen Kinder, damit sie zählen können, wie viele Becher Wasser in den Eimer gegossen werden.
▶ Erklären Sie der Mannschaft, dass Sie Ihre Uhr starten und verfolgen werden, wie viele Becher Wasser die Kinder in den Eimer gießen können.
▶ Zeigen Sie dem ersten Kind, wie der Becher gefüllt, auf dem Tennisschläger zu dem leeren Eimer getragen und dort hineingegossen wird. Dann läuft das Kind so schnell wie möglich zurück zur Mannschaft, damit der nächste Spieler starten kann.
▶ Wenn drei Minuten vorbei sind, teilen die anderen Kinder mit, wie viele Becher Wasser in den Eimer gegossen worden sind.

Vertiefung
▶ Geben Sie den anderen Mannschaften die Gelegenheit, sich an diesem Spiel zu versuchen, und probieren Sie dann andere Wettspiele. Beispiele: *Wie viele Bohnensäckchen kann eine Mannschaft innerhalb von drei Minuten in einen Gymnastikreifen werfen? Wie viele Fußballtore kann eine Mannschaft in drei Minuten schießen?*

Variation
▶ Laden Sie die Eltern zu einem Spiel- und Sporttag ein. Nehmen Sie für Eltern, die nicht kommen können, das Ereignis auf Fotos oder eventuell sogar auf Video auf. Die Fotos oder Videos können Sie den Eltern gegen eine kleine Aufwandsentschädigung zukommen lassen.

→ 2 Plastikeimer
→ Becher
→ Tennisschläger o. Ä. aus Plastik
→ Gymnastikreifen
→ Bohnensäckchen
→ Fußball
→ Kamera/Videokamera
→ Stoppuhr oder Uhr mit Sekundenzeiger

❗ Bei dieser Aktivität sollten die Kinder Turnschuhe tragen.

Mathematik | Messen

Wetter

Aktuelle Wetterkarte

Lernerfahrungen
- Die Namen für die Wochentage und Monate lernen.
- Zeitliche Begriffe wie *heute* oder *gestern* verwenden.
- Täglich das Wetter beobachten.

- Kopiervorlage auf S. 133
- Papier und Zeichenzubehör
- Schere
- Zeichenkarton DIN A3
- Laminierzubehör
- doppelseitiges Klebeband

Durchführung
- Diese Aktivität eignet sich als fester Bestandteil des täglichen Gruppenlebens.
- Versammeln Sie die Kinder vor sich und stellen Sie ihnen die folgenden Fragen: *Welcher Tag ist heute? – Welcher Tag war gestern? – Welcher Tag wird morgen sein? – Wisst ihr das Datum von heute?*
- Erstellen Sie auf Zeichenkarton eine Karte mit den Wochentagen. Laminieren Sie die Karte.
- Fotokopieren Sie die Wettersymbole von S. 133 mehrmals und bitten Sie die Kinder, sie auszumalen.
- Laminieren Sie die Wettersymbole, schneiden Sie sie aus und versehen Sie sie auf der Rückseite mit doppelseitigem Klebeband.
- Fordern Sie die Kinder auf, das aktuelle Wetter zu beschreiben. Lassen Sie die Kinder abwechselnd ein Wettersymbol auswählen und an der Karte befestigen.
- Wird diese Aktivität täglich durchgeführt, trägt sie dazu bei, dass die Kinder die Wochentage mit zunehmender Sicherheit benennen können. Möglicherweise werden Sie feststellen, dass die Kinder sogar morgens ihre Eltern fragen, welcher Tag heute ist, um sich auf Ihre Fragen vorzubereiten.

Vertiefung
- Sprechen Sie mit den Kindern über den Beruf des Meteorologen. Eventuell können die Kinder Wetterbilder malen.

Variation
- Bitten Sie die Kinder, in Erfahrung zu bringen, ob es bei ihnen zu Hause ein Barometer gibt. Gehen Sie der Frage nach, auf welche Weise ein Barometer anzeigt, wie sich das Wetter ändert. Fragen Sie die Kinder, ob sie gemeinsam mit ihren Eltern den Wetterbericht im Fernsehen verfolgen.

Montag	☀
Dienstag	☀ ☁
Mittwoch	🌧
Donnerstag	🌧
Freitag	☀

Messen — Mathematik

Bananen wiegen

Ernährung

⏱ 10 | 👤 alle | ⚃

Lernerfahrungen
▶ Wörter verwenden, die unterschiedliche Gewichte beschreiben, zum Beispiel *schwer, leicht, schwerer als, leichter als*.
▶ Zwei Objekte nach Gewicht ordnen.

Durchführung
▶ Zeigen Sie den Kindern eine Auswahl von Gegenständen und erklären Sie ihnen, dass sie heute herausfinden werden, ob die Dinge leicht oder schwer sind. Fordern Sie die Kinder auf, über geeignete Verfahrensweisen nachzudenken. Lenken Sie das Gespräch zu einer praktischen Lösung: *Leicht* und *schwer* kann man unterscheiden, wenn man einen Gegenstand in der Hand hält.
▶ Demonstrieren Sie dieses Verfahren mit mehreren Gegenständen und zeigen Sie deutlich, welcher Gegenstand schwer ist. Legen Sie die schweren Gegenstände in den einen Gymnastikreifen, die leichten in den anderen.
▶ Wählen Sie zwei Gegenstände, deren Gewicht noch nicht geprüft worden ist. Bestimmen Sie dann ein Kind und geben Sie ihm jeweils einen Gegenstand in jede Hand.
▶ Zeigen Sie dem Kind, wie man Gegenstände in der Hand wiegen kann, um herauszufinden, welcher schwerer und welcher leichter ist.
▶ Rechnen Sie damit, dass einige Kinder behaupten werden, jeder Gegenstand sei federleicht, um selbst als besonders stark zu erscheinen.

Vertiefung
▶ Zeigen Sie den Kindern die Waage. Legen Sie eine Banane in eine Waagschale. Lassen Sie ein Kind mitzählen, während andere Kinder Bauklötze in die andere Waagschale geben. Wie viele Klötze werden gebraucht, bis die Waage im Gleichgewicht ist?
▶ Wiederholen Sie den Vorgang mit zwei Bananen. Wie viele Bausteine werden nun benötigt, um ein Gleichgewicht herzustellen? Was ist schwerer – eine Banane oder zwei?

Variationen
▶ Ermuntern Sie die Kinder, in Erfahrung zu bringen, ob es bei ihnen zu Hause Waagen gibt.
▶ Lassen Sie die Kinder herausfinden, wofür Waagen im Haushalt verwendet werden, zum Beispiel zum Abwiegen von Zutaten beim Kochen und Backen oder zur Überprüfung des Körpergewichts.

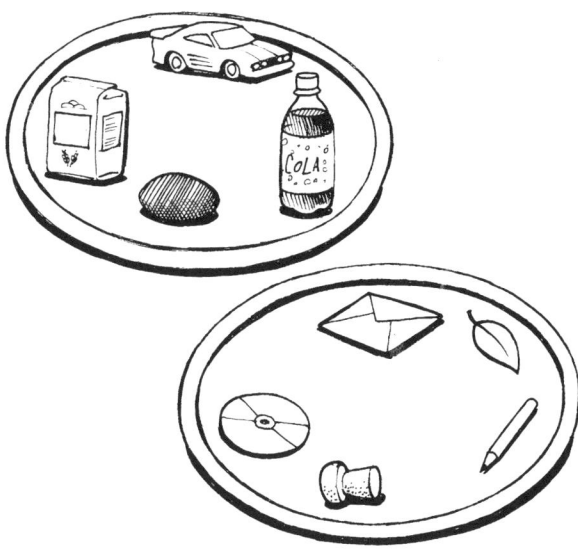

➡ Auswahl schwerer Gegenstände wie ein Türstopper, ein gepackter Koffer oder ein dickes Buch
➡ Auswahl leichter Gegenstände wie ein Blatt Papier, eine Feder, eine Büroklammer oder ein dünnes Heft
➡ 2 Gymnastikreifen
➡ Bananen
➡ Bauklötze
➡ Waage mit Waagschalen

Mathematik | Messen

Wasser

Wie viele Becher brauche ich?

Lernerfahrungen
▶ Lösungen für Alltagsprobleme finden.
▶ Behälter nach Fassungsvermögen anordnen.
▶ Relevante Formulierungen verwenden, zum Beispiel: *In diesen Behälter passt mehr Wasser als in den anderen.*

- Wasserbecken
- Wasser
- Plastikbehälter
- Becher
- weiße Blanko-Aufkleber
- Filzstifte
- Kanne aus Plastik
- Tassen

Durchführung
▶ Versammeln Sie eine kleine Gruppe um ein Wasserbecken und fordern Sie die Kinder auf, sich zwei Plastikbehälter und einen Becher auszusuchen.
▶ Um herauszufinden, in welchen Behälter mehr Wasser passt, werden die Kinder die Becher voll Wasser zählen, die sie in jeden Behälter gießen müssen, bis dieser voll ist.
▶ Zeigen Sie den Kindern, wie ein Becher gefüllt wird. Weisen Sie die Kinder darauf hin, dass jeder Becher, den sie in einen Behälter leeren, ganz voll sein muss, damit das Zählen fair bleibt.
▶ Helfen Sie den Kindern, herauszufinden, wie viele Becher Wasser ihre Behälter aufnehmen können und bei der anschließenden Entscheidung, welches Behältnis mehr Wasser fasst.
▶ Erweitern Sie die Lernerfahrung, indem sie die Kinder dazu ermuntern, drei Behälter nach Fassungsvermögen anzuordnen.
▶ Es kann vorkommen, dass die äußere Form eines Gefäßes über das tatsächliche Fassungsvermögen hinwegtäuscht. Für die Kinder ist diese Entdeckung eine wertvolle Lernerfahrung.
▶ Die Kinder können auf Blanko-Aufklebern mit Strichen notieren, wie viele Becher mit Wasser in ihre Behälter hineinpassen.

Vertiefung
▶ Der Sommer bietet für die Kinder Gelegenheit, im Außenbereich ihren Puppen oder Stofftieren kalte Getränke zu servieren. Helfen Sie den Kindern dabei, Wasser in eine Kanne zu füllen und dann herauszufinden, wie viele Tassen sie damit füllen können.
▶ Stellen Sie im Sommer einen großzügigen Vorrat an Trinkwasser sicher. Geben Sie den Kindern die Gelegenheit, für jedes Gruppenmitglied einen Becher mit Wasser einzuschenken.

Variation
▶ Bitten Sie die Eltern, für diese Aktivität Plastikflaschen und -behälter zur Verfügung zu stellen. Glasflaschen sind für diese Aktivität nicht geeignet, da sie springen oder zerbrechen können.

Messen   Mathematik

Große Tiere, kleine Tiere

Lernen mit Tieren

Lernerfahrungen
- Größenbezeichnungen wie *groß* oder *klein* verwenden.
- Tiere nach Größe ordnen.
- In einer Kleingruppe arbeiten und in Kooperation ein Gemeinschaftsprodukt erstellen.

Durchführung
- Sprechen Sie mit den Kindern über das Wort *groß*. Erklären Sie ihnen, dass dieses Wort eine bestimmte Größenordnung beschreibt. Können die Kinder große Tiere nennen, zum Beispiel Elefant oder Nashorn?
- Können sie kleine Tiere nennen, zum Beispiel Maus, Vogel oder Marienkäfer?
- Zeigen Sie der Gruppe die beiden Bogen Plakatkarton. Zeichnen Sie ein großes Tier und ein kleines Tier auf je einen Bogen. Geben Sie den Kindern den Auftrag, in Zeitschriften Bilder von großen und kleinen Tieren zu finden, auszuschneiden und auf das entsprechende Plakat zu kleben.
- Geben Sie den Kindern die Aufgabe, das Arbeitsmaterial zu teilen, und ermuntern Sie sie, sich gegenseitig mitzuteilen, auf welches Plakat sie ihre Bilder kleben.
- Nach Abschluss der Arbeit werden die Kinder dazu angeregt, die Namen der Tiere laut auszusprechen.
- Eventuell fallen den Kindern noch andere Tiere ein, die nicht in den Zeitschriften abgebildet sind. Geben Sie den Kindern die Möglichkeit, diese Tiere zu malen.

Vertiefung
- Die Kinder können ihre Lernerfahrung erweitern, indem die Aktivität unter der Themenstellung „Fahrzeuge" wiederholt wird.
- Achten Sie darauf, Begriffe zur Beschreibung von Größenordnungen im Gruppenalltag zu verwenden: *Frau Schneider setzt sich auf den großen Stuhl. – Laura trinkt aus der großen Tasse.*

Variation
- Bitten Sie die Kinder, sich zu Hause nach großen und kleinen Gegenständen umzusehen. Wie viele große und wie viele kleine Gegenstände können sie finden?

Material:
- 2 großformatige Bogen Plakatkarton
- Klebstoff
- Kinderscheren
- Auswahl von Zeitschriften mit Tierbildern
- Auswahl von Zeitschriften mit Bildern von Fahrzeugen
- Buntstifte und Filzstifte

Natur

Bunte Sträuße

Lernerfahrungen
▶ Das Konzept von Längen kennen lernen.
▶ Das Falten von Kreisen zu Hälften und Vierteln sicher beherrschen.
▶ Mathematische Begriffe während kreativer Aktivitäten anwenden.

Durchführung
▶ Geben Sie jedem Kind einen Strohhalm. Jedes Kind wählt einen Behälter, den es als Vase benutzen möchte. Die Strohhalme werden sofort in die Behälter gesteckt, um festzustellen, ob sie die richtige Länge haben oder zurechtgeschnitten werden müssen.
▶ Falls Sie weiße Papierhalme aus dem Kunstbedarf einsetzen, sollten die Kinder sie grün anmalen.
▶ Wenn die Farbe getrocknet ist, können die Kinder mit der Anfertigung der Blüten beginnen. Dafür werden Kreise aus farbigen Papiertüchern zuerst in Hälften und dann in Viertel gefaltet.
▶ Die unteren Spitzen der Papierblumen werden mit Klebeband an den Stielen befestigt. Zupfen Sie sie etwas auseinander, damit sie wie Blüten aussehen.
▶ Wiederholen Sie die Arbeitsschritte mit verschiedenfarbigen Papiertüchern, bis die Vasen der Kinder gefüllt sind.
▶ Helfen Sie den Kindern dabei, die Pappbehälter mit weißem Papier zu beziehen, damit sie bunt bemalt werden können.

Vertiefung
▶ Ermuntern Sie die Kinder, die fertigen Blumen in ihrer Vase zu zählen: *Wie viele Blumen sind gelb? Wie viele rot?*
▶ Die Kinder können Überlegungen anstellen, welche anderen Dinge in Hälften und Viertel gefaltet werden können, zum Beispiel Kleidungsstücke oder Handtücher, oder sie können darüber nachdenken, welche Dinge in Hälften und Viertel geschnitten werden, zum Beispiel Äpfel.

Variationen
▶ Die Vase eignet sich als ansprechendes Muttertagsgeschenk.
▶ Einige Kinder haben vielleicht schon zu Hause erfahren, wie Blumenstiele für eine Vase zurechtgeschnitten werden.

- Bastel- oder Trinkstrohhalme (vorzugsweise grün)
- große Joghurtbecher
- Papprohren, die als Verpackung für Kartoffelchips dienen
- rund zugeschnittene, verschiedenfarbige Papiertücher
- transparentes Klebeband
- weißes Papier
- Plakatfarben
- Pinsel
- Schere

Zirkeltraining

Gesundheit

⏱ 45 | alle | ⚃

Lernerfahrungen
▶ Kurze Zeitdauer (zum Beispiel mit einer Sanduhr gemessen) mit vorgegebenen längeren Zeitspannen vergleichen.
▶ Kreislauf stimulieren und Körperkoordination fördern.

Durchführung
▶ Planen Sie im Voraus, wie viele Stationen aufgebaut werden und wie viele Kinder jeweils an einer Station arbeiten sollen.
▶ Vorschläge für Übungen an den einzelnen Stationen: über eine Bank balancieren und herunterspringen, eine kurze Strecke gehen und dabei ein Bohnensäckchen auf dem Kopf tragen, in einen Gymnastikreifen hinein- und wieder herausspringen, ein Bohnensäckchen aufheben und in einen Gymnastikreifen werfen.
▶ Erklären Sie vor Beginn des Zirkeltrainings verständlich und eindeutig alle Übungen.
▶ Jede Station erhält eine Nummer in Form einer Karte mit Würfelaugen. Erklären Sie den Kindern, dass sie für kurze Zeit an jeder Station mit viel Einsatz trainieren, dann eine Pause einlegen und anschließend an der nächsten Station weiterüben werden.
▶ Starten Sie die Sanduhr und geben Sie das Kommando *Los!*. Wenn die Sanduhr durchgelaufen ist, rufen Sie *Stopp!*. Fordern Sie die Kinder auf, sich für einige Minuten hinzusetzen und auszuruhen, bevor sie zur nächsten Übungsstation gehen.

Vertiefung
▶ Entspannungsübungen helfen, nach einem bewegungsintensiven Training zur Ruhe zu kommen. Die Kinder legen sich dazu auf den Boden und bekommen kleine Aufgaben, zum Beispiel sich wie ein „X" oder „L" hinzulegen, den Körper zu strecken oder rund zu machen.

Variationen
▶ Ermuntern Sie die Kinder, davon zu erzählen, welchen Sport ihre Familienangehörigen treiben – vielleicht geht ihre Oma zum Aerobic-Training oder ihre Schwester spielt in einer Fußballmannschaft.
▶ Regen Sie die Kinder dazu an, zu Hause die Entspannungsübungen zusammen mit einem anderen Familienmitglied auszuprobieren.

⇒ Nummerierung für jede Station in Form einer Karte mit Würfelaugen
⇒ Stationsplan für das Zirkeltraining
⇒ Das Zubehör für das Zirkeltraining hängt davon ab, welche Übungen geplant werden. Es kann zum Beispiel Bänke, Gymnastikreifen, Bohnensäckchen, Bälle, Leitkegel oder Tücher umfassen.
⇒ Sanduhr

Mathematik | Messen

Jahreszeiten

Herbstliche Fundsachen

Lernerfahrungen
- Objekte nach Gewicht ordnen.
- Die Fähigkeit zu schätzen vertiefen.
- Bis zu 20 gesammelte Natur-Objekte zählen.

Durchführung
- Diese Aktivität eignet sich am besten für den Herbst.
- Erklären Sie den Kindern, dass Sie ihre Unterstützung brauchen, um einen Jahreszeitentisch zu gestalten (für Möglichkeiten, wie die Kinder dazu beitragen können, siehe „Variationen").
- Regen Sie die Kinder an, darüber nachzudenken, was für den Herbst kennzeichnend ist und woran man den Herbst in der Natur erkennen kann.
- Lenken Sie das Gespräch auf Tiere, die man im Herbst beobachten kann. Welche Tiere sind es? Zeigen Sie den Kindern Beispiele anhand von Stofftieren, zum Beispiel Eichhörnchen, Igel und Fuchs.
- Leiten Sie die Kinder dazu an, Ihnen beim Einrichten eines Jahreszeitentisches behilflich zu sein. Breiten Sie auf dem Tisch ein grünes Stück Stoff aus. Stellen Sie Weidenkörbe für die gesammelten Naturmaterialien und die Stofftiere sowie eine Waage mit Waagschalen dazu.
- In eine Waagschale wird ein Stofftier gelegt, in die andere Waagschale werden Kastanien gezählt, bis die Waage im Gleichgewicht ist. Das Gewicht des Stofftiers wird anhand der Kastanien bestimmt. Beispiel: *Unser Igel wiegt so viel wie 15 Kastanien.*

Vertiefung
- Anschließend wird zum Beispiel das Eichhörnchen gewogen. Die Kinder können dann vergleichen, welches Stofftier mehr wiegt.
- Regen Sie die Kinder dazu an, den Igel mit Blättern aufzuwiegen. Besprechen Sie mit den Kindern das Ergebnis: *Warum braucht man mehr Blätter als Kastanien, um den Igel aufzuwiegen?*
- Die Kinder können auch schätzen üben, indem ein Kind eine Anzahl Kastanien in der Hand hält und ein anderes Kind die Anzahl rät. Anschließend werden die Kastanien gezählt, um die Genauigkeit der Schätzung zu überprüfen.

Variation
- Die Kinder können in Begleitung eines Erwachsenen einen örtlichen Park aufsuchen, um dort Naturmaterialien zu sammeln. Zeigen Sie ihnen Beispiele von dem, was Sie für diese Aktivität benötigen, wie Tannenzapfen, Kastanien und Blätter. Prägen Sie den Kindern ein, Früchte und Blätter niemals von Sträuchern und Bäumen zu pflücken, sondern auf dem Boden danach Ausschau zu halten.

- Stofftiere, zum Beispiel Eichhörnchen, Igel, Fuchs und Dachs
- grüner Stoff
- Weidenkörbe
- Waage mit Waagschalen
- Auswahl von Herbstfrüchten und pflanzlichen Materialien, die die Kinder gesammelt haben, zum Beispiel Kastanien, Eicheln, Bucheckern, Blätter

! Die Kinder sollten dazu angehalten werden, wegen der Vergiftungsgefahr keine Rosskastanien oder andere Wildfrüchte zu essen!

Messen   Mathematik

Wie weit kann mein Auto fahren?

Reise und Verkehr

Lernerfahrungen
- Nicht-standardisierte Messverfahren anwenden.
- Erfahrungen mit dem Abmessen von Längen sammeln.
- Herausfinden, dass die Neigung einer Rampe und unterschiedliche Oberflächen die Reichweite eines Spielzeugautos beeinflussen.

Durchführung
- Helfen Sie den Kindern, ein Holzbrett gegen fünf dicke Bücher zu lehnen, sodass sich eine Schräge ergibt, die auf eine leere Teppichfläche führt.
- Geben Sie einer kleinen Gruppe von Kindern die Gelegenheit, der Reihe nach ihre Spielzeugautos die Rampe hinunterrollen zu lassen.
- Die Kinder beobachten dabei, wie weit ihre Autos rollen und welches Auto die längste Strecke zurückgelegt hat.
- Fragen Sie die Kinder, auf welche Weise sie die Entfernung, die ihr Auto zurückgelegt hat, messen würden. Zum Beispiel könnten sie vom unteren Ende der Rampe bis zu dem Punkt, an dem das Auto zum Stehen kommt, Bleistiftlängen, Trippel- oder Riesenschritte zählen oder ein Lineal benutzen.
- Wiederholen Sie die Übung. Leiten Sie die Kinder dazu an, zum Messen der zurückgelegten Strecke das gleiche nicht-standardisierte Messverfahren zu verwenden.

Vertiefung
- Erweitern Sie diese Aktivität, indem Sie den Kindern die Aufgabe geben, die Höhe der Rampe mit Hilfe weiterer Bücher zu vergrößern. Lassen Sie die Kinder ausprobieren, ob die veränderte Höhe die Strecke, die das Auto zurücklegt, beeinflusst.
- Legen Sie verschiedene Bodenbeläge (zum Beispiel Linoleum oder einen grob gewebten Läufer) vor die Rampe, damit die Kinder herausfinden können, ob unterschiedliche Oberflächen die Reichweite der Autos verändern.

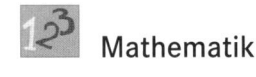

- verschiedene Spielzeugautos
- Holzbrett
- mehrere dicke Bücher
- unterschiedliche Bodenbeläge, zum Beispiel ein grob gewebter Läufer, ein Stück Linoleum usw.
- verschiedene Gegenstände, die sich zum Maßnehmen eignen, zum Beispiel Bleistifte

Mathematik — Messen

Farben

⏱ 20

Bauen und konstruieren

Lernerfahrungen
▶ Geometrische Formen wahrnehmen.
▶ Selbst geometrische Formen entwickeln.

Durchführung
▶ Bauen und Konstruieren sollte sich mit anderen Aktivitäten abwechseln, sodass das Spielmaterial nicht beliebig für die Kinder verfügbar ist. Ihr Interesse zum Beispiel an Lego-Steinen wird neu geweckt, wenn sie sie für eine Weile nicht gesehen haben. Die Baumaterialien sollten gekennzeichnet sein, sodass die Kinder sie auffinden und wieder wegräumen können.
▶ Planen Sie regelmäßig Zeiten ein, in denen die Kinder mit Baumaterialien spielen können. Auf diese Weise erhalten die Kinder die Möglichkeit, selbstständig oder als Gruppe Modelle zu bauen.
▶ Leiten Sie die Kinder zum Teilen an und prägen Sie ihnen ein, dass die Baumaterialien für alle Kinder da sind.
▶ Stellen Sie jedem der Kinder eine Unterlage (zum Beispiel einen Stoffrest) als „Bauplatz" zur Verfügung. So wird gewährleistet, dass die Baumaterialien nicht über den ganzen Teppich verstreut werden.
▶ Nehmen Sie an der Aktivität teil und geben Sie dabei Impulse wie: *Warum stellst du den Kegel oben auf den Würfel? – Erklär mir, wie du dieses Modell gebaut hast. – Warum hast du diesen Würfel angebaut?*
▶ Wenn die Kinder ihre Modelle fertiggestellt haben, fotografieren Sie sie.

Vertiefung
▶ Richten Sie einen Tisch her, auf dem die Kinder ihre Modelle ausstellen können. Geben Sie jedem Kind einen Aufkleber mit dem Auftrag, sich selbst zu malen und dann sein Modell mit dem Aufkleber zu kennzeichnen.
▶ Halten Sie die Kinder davon ab, an den Modellen der anderen Gruppenmitglieder herumzuspielen, denn eingestürzte Bauwerke können herbe Enttäuschungen verursachen.

Variationen
▶ Ermuntern Sie die Kinder, auch zu Hause Modelle zu bauen. Besonders gelungene Werke können von den Eltern fotografiert und dem Kind mitgegeben werden.
▶ An einer Pinnwand im Gruppenraum können Bilder von häuslichen Aktivitäten der Kinder ausgestellt werden; sie wäre auch ein geeigneter Platz für die Fotos von zu Hause gebauten Modellen.

⇨ Auswahl von Bauspielzeug wie Lego®, Duplo® oder Bauklötze
⇨ gebrauchtes Verpackungsmaterial wie Schachteln und Röhren
⇨ Stoffreste als Unterlagen
⇨ Kamera
⇨ weiße Blanko-Aufkleber
⇨ Buntstifte oder Filzstifte
⇨ Tisch

Formen und Räume

Mathematik

Familienfotos

Familie

⏱ 10 | 👤 alle | ⚅

Lernerfahrungen
▶ Begriffe verwenden, die Raumbeziehungen beschreiben, zum Beispiel: *Ich stehe neben meiner Mutter. – Papa steht hinter mir. – Mein Hund sitzt vor mir.*
▶ Größenbezeichnungen verwenden: *Mein Papa ist größer als ich.*

Durchführung
▶ Schreiben Sie einen Brief an die Eltern, in dem Sie darum bitten, dass ihre Kinder an einem bestimmten Tag ein Familienfoto mitbringen dürfen.
▶ Versammeln Sie die Kinder in einem Sitzkreis und fordern Sie die Kinder auf, ihre Fotos hochzuhalten.
▶ Fordern Sie einzelne Kinder auf, um den Kreis herumzugehen und ihr Foto zu zeigen.
▶ Geben Sie ihnen dann die Aufgabe, für die anderen Kinder das Bild zu beschreiben und dabei Wörter wie *neben*, *hinter*, *vor* oder *über* zu verwenden.
▶ Geben Sie zur Unterstützung Impulse in Form von Fragen: *Wer ist am größten? – Wie viele Personen sind auf dem Bild? – Wie viele Männer und wie viele Frauen sind auf dem Bild?* oder *Wie viele Kinder sind auf dem Bild?*
▶ Stellen Sie die Bilder unter der Überschrift „Unsere Familien" an einer Pinnwand aus.

Vertiefung
▶ Ermutigen Sie die Kinder, ihr Familienfoto zu zeichnen. Achten Sie darauf, dass alle abgebildeten Personen auf der Zeichnung zu sehen sind.
▶ Sind die Kinder in der Lage, unterschiedliche Körpergrößen in einem Bild darzustellen? Ist der Vater größer gezeichnet als die Kinder? Ist der Hund kleiner dargestellt als das Kind selbst?

Variation
▶ Das Gespräch über Familiensituationen erfordert Einfühlsamkeit, denn jede Familie ist einzigartig. Manch eine Familie besteht aus nur zwei Personen, während es in anderen Familien drei, vier oder mehr Mitglieder geben kann.

→ Elternbrief
→ Familienfotos der Kinder
→ weißes Papier
→ Bleistifte
→ Buntstifte
→ Pinnwand
→ dicker Filzstift

Mathematik | Formen und Räume

Formen

Collagen

Lernerfahrungen
▸ Sich zu den Unterschieden und Ähnlichkeiten geometrischer Formen äußern.
▸ Einfache Formen zuordnen.
▸ Begriffe für Größen anwenden wie *groß* und *klein*.

Vorbereitung
▸ Schneiden Sie aus Tonpapier Kreise, Quadrate und gleichseitige Dreiecke aus.

Durchführung
▸ Fordern Sie die Kinder dazu auf, Dinge im Raum zu finden, die wie ein Kreis, Quadrat oder Dreieck geformt sind. Erklären Sie ihnen, dass mit diesen Formen Collagen gestaltet werden sollen.
▸ Zeigen Sie den Kindern die Formen aus Buntpapier, die für die Gestaltungsaufgabe vorgesehen sind. Weisen Sie auf die Größenunterschiede hin.
▸ Jedes Kind erhält einen Kreis aus Tonpapier mit der Aufgabe, ihn nur mit Kreisen zu bekleben. Achten Sie darauf, dass beide Seiten beklebt werden. Wiederholen Sie die Arbeitsschritte mit dem Dreieck und dem Quadrat. Versehen Sie die Collagen mit einem Loch am oberen Rand, damit sie mit einem Stück Schnur an einer Wäscheleine aufgehängt werden können.

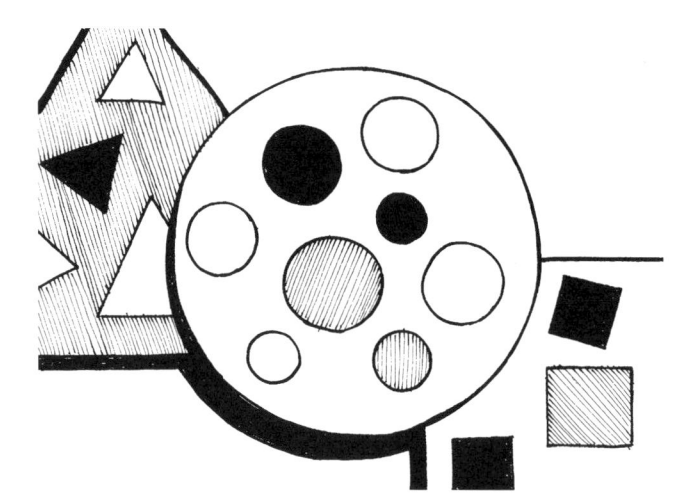

Variation
▸ Zu Hause kann mit Hilfe eines Drahtbügels und etwas Schnur ein Mobile aus verschiedenen Formen gefertigt werden. Dazu schneiden die Kinder aus farbigem Papier Quadrate, Dreiecke, Kreise, Rechtecke, Sechsecke, Sterne, Herzen und Rauten aus. Ihre Eltern können ihnen dabei behilflich sein, Schnur in geeigneter Länge zuzuschneiden und die Formen am Bügel aufzuhängen.

→ Tonpapier
→ Schablonen für Formen
→ Schere
→ Schnur
→ Kreise, Quadrate und Dreiecke aus gummiertem Buntpapier in verschiedenen Größen
→ Klebstoff
→ Locher

Verstecken spielen

Spielen

Lernerfahrungen
▶ Begriffe zur Beschreibung von Raumbeziehungen verwenden und Richtungshinweise geben.
▶ Zeit anhand eines Küchenweckers messen.
▶ Verstecke für die Spielsachen bauen.

Vorbereitung
▶ Verstecken Sie einen Teddy (oder ein anderes Stofftier) im Raum.

Durchführung
▶ Erklären Sie den Kindern, dass Sie einen Teddy im Raum versteckt haben und dass die Kinder ihn finden sollen. Kündigen Sie an, dass Sie Hinweise geben werden wie *Gehe vorwärts, Gehe nach links* und *Gehe nach rechts* oder *Greife nach oben.*
▶ Anschließend spielen die Kinder selbstständig, indem sie ein Spielzeug verstecken und den anderen Kindern Richtungshinweise geben, ohne das Versteck sofort preiszugeben.
▶ Besprechen Sie mit den Kindern, dass man auch *warm* oder *heiß* sagen kann, wenn jemand einem Versteck nahe kommt, oder *kalt* und *eiskalt*, wenn er sich davon wegbewegt.
▶ Regen Sie die Kinder dazu an, im Außenbereich spannende Verstecke für die Spielsachen zu bauen. Verstecken Sie ein Spielzeug in einem der Verstecke und stoppen Sie mit einer Stoppuhr oder einem Küchenwecker die Zeit, die die Kinder benötigen, um das Versteck zu finden.

⇨ Auswahl an Spielsachen
⇨ Pappkartons, Laken und Decken, um daraus Verstecke zu bauen
⇨ Stoppuhr oder Küchenwecker

Mathematik   Formen und Räume

Lernen mit Tieren

Eine Wohnung für mein Stofftier

Lernerfahrungen
- Verwendung geeigneter Formen, um gegenständliche Modelle zu bauen.
- Erste Schritte in der Verwendung von mathematischen Bezeichnungen für geometrische Körper und Flächen.
- Bearbeitung von Formen, größengerechtes Zuschneiden von Materialien.

Vorbereitung
- Wenden Sie sich mehrere Wochen vor Durchführung dieser Aktivität mit der Bitte an die Eltern, Ihnen Verpackungsmaterial, Stoffreste usw. zur Verfügung zu stellen.

Durchführung
- Zeigen Sie den Kindern eine Auswahl von Stofftieren und erklären Sie ihnen, dass diese Tiere eine Wohnung suchen.
- Besprechen Sie mit den Kindern, was eine Wohnung ist und welche Wohnraumausstattung ein Stofftier benötigen könnte. Manche Kinder mögen auf die Idee kommen, dass ein Bett oder sogar eine Toilette zum Wohnbedarf eines Stofftieres gehört.
- Regen Sie die Kinder dazu an, die Stofftiere und die Pappkartons, die Sie zusammengetragen haben, zu vergleichen. Welcher Karton passt zu welchem Stofftier? Fordern Sie die Kinder auf, die Stofftiere in die Kartons zu legen, um die Größe zu überprüfen.
- Nachdem sich jedes Kind ein Stofftier und den dazu passenden Karton ausgesucht hat, arbeiten die Kinder selbstständig. Für Bodenbeläge und Teppiche können sie Papiertücher, Stoffreste oder Zeitungen passend zurechtschneiden. Die Wände können bemalt oder mit gummiertem Buntpapier tapeziert werden. Als Inneneinrichtung können die Kinder kleinere Kartons als Schlafstatt verwenden oder andere Möbel nach ihren Vorstellungen gestalten.
- Eventuell brauchen die Kinder Ihre Hilfe, um Türen und Fenster in ihre Kartons zu schneiden.
- Verwenden Sie während der Arbeit sachgemäße Begriffe wie *Würfel*, *Quader* oder *Zylinder*. Kinder haben eine große Vorliebe für die Bezeichnungen geometrischer Formen. Regen Sie sie an, zweidimensionale Formen auf dreidimensionalen Gegenständen ausfindig zu machen. Beispiel: *Auf diesem Würfel verstecken sich Quadrate. Kannst du sie finden?*

Vertiefung
- Fotografieren Sie jedes Kind mit seinem fertiggestellten Modell. Fordern Sie die Kinder auf, über ihr jeweiliges Modell zu sprechen und zu erklären, warum es ihnen gefällt.
- Falls möglich, regen Sie die anderen Kinder dazu an, selbst Fragen zu stellen, zum Beispiel: *Wie hast du das gemacht?*

- Auswahl von Stofftieren
- große und kleine Pappkartons
- Röhren unterschiedlicher Größe
- Papiertücher
- selbstklebendes Papier
- Zeitungen
- gummiertes Buntpapier
- Stoffreste
- Farbe
- Klebstoff
- Scheren
- Paketband
- Krepp-Band
- Kamera

! Die Arbeit mit Scheren erfordert die Beaufsichtigung durch Erwachsene.

Feste und Feiern

Geschenkpapier selbst gemacht

Lernerfahrungen
- Durch Äußerungen, die sich auf geometrische Formen beziehen, aktives Interesse zeigen: *Wieso sehen diese Formen gleich aus? – Warum sind sie verschieden?*
- Geschenkpapierbogen in einfachem, fortlaufendem Muster gestalten.

Durchführung
- Zeigen Sie den Kindern eine Auswahl von Geschenkpapierbogen und fordern Sie sie auf, die Muster zu beschreiben, zum Beispiel eine Folge von roten und grünen Ballons im Wechsel.
- Geben Sie ihnen die Aufgabe, auf dem Papier geometrische Formen wie Quadrate, Kreise oder Dreiecke aufzufinden.
- Geben Sie jedem Kind einen großen Bogen Packpapier.
- Regen Sie die Kinder dazu an, zwei verschieden geformte Schwämme und zwei Schalen mit verschiedenen Farben auszuwählen.
- Die Kinder legen dann mit Ihrer Hilfe am oberen Packpapierrand eine gerade Reihe in einem Muster an – zum Beispiel roter Kreis, grünes Dreieck, roter Kreis, grünes Dreieck.
- Begleiten Sie die Arbeit verbal, indem Sie die Bezeichnungen für die geometrischen Formen immer wieder aussprechen.
- Wenn die Kinder eine Musterreihe vervollständigt haben, leiten Sie sie an, mit einer weiteren Reihe fortzufahren und ihre Arbeit fortzusetzen, bis der ganze Papierbogen mit einem Muster versehen ist.

Vertiefung
- Wenn die Bogen getrocknet sind, helfen Sie den Kindern dabei, die Pappkartons damit einzupacken.
- Fordern Sie die Kinder dazu auf, die Formen in ihren Mustern zu zählen: *Wie viele rote Kreise habt ihr gedruckt? – Wie viele grüne Dreiecke?*
- Falls ein Spielhaus zur Verfügung steht, können die Kinder dafür auch Tapeten mit fortlaufenden Mustern gestalten.

Variationen
- Bitten Sie die Eltern, große Pappschachteln und gebrauchtes Geschenkpapier zur Verfügung zu stellen.
- Regen Sie die Kinder dazu an, zu Hause als „Muster-Detektive" tätig zu werden. Gibt es Muster auf den Gardinen, dem Duschvorhang oder der Tapete? Können die Kinder geometrische Formen in diesen Mustern ausfindig machen?

- einige Bogen Geschenkpapier als Beispiel
- großformatiges, einfarbiges Packpapier
- Plakatfarben (eine dickflüssige Konsistenz und eine ausreichende Druckhaftung wird durch Anrühren mit Tapetenkleister erreicht)
- flache Plastikschalen für Farbe
- Schwämme in geometrischen Formen
- Pappkartons

Familie

Was ist in der Socke?

Lernerfahrungen
- Angemessene Begriffe für geometrische Formen und räumliche Anordnungen verwenden.
- Zuhören, wie ein Erwachsener die Eigenschaften geometrischer Formen beschreibt, zum Beispiel: *Es hat vier gerade Seiten und vier Ecken. Ich glaube, es ist ein Quadrat.*

Durchführung
- An einer Wäscheleine wird eine Auswahl von Socken, die verschiedene geometrische Formen oder Körper enthalten, aufgehängt. Die Kinder sitzen als Gruppe davor.
- Geben Sie einen Impuls, indem Sie laut fragen, was sich wohl in diesen Socken verbirgt.
- Stecken Sie Ihre Hand in eine der Socken, erfühlen Sie das Innere der Socke und kommentieren Sie Ihre Handlung: *Oh, ich glaube, die Form hat drei Ecken und drei Seiten. Wer kann erraten, was ich gerade fühle?* Geben Sie Hilfen, bis die Kinder antworten können, dass es sich um ein Dreieck handelt.
- Wiederholen Sie diese Schritte, indem Sie die Eigenschaften eines Gegenstandes in einer weiteren Socke beschreiben und die Kinder raten lassen, um welche Form es sich handelt.
- Geben Sie einem Kind die Aufgabe, Ihre Rolle zu übernehmen und beim Ertasten das Objekt zu beschreiben.
- Lassen Sie die Wäscheleine mit den gefüllten Socken im Gruppenraum hängen, damit die Kinder in freien Minuten das Spiel selbstständig spielen können.

Vertiefung
- Ebenso gut wie Socken eignet sich ein Fühlsack oder ein Fühlkasten zur Durchführung dieser Aktivität. Ein Fühlsack wird interessanter für die Kinder, wenn er mit einem Zugband versehen und vielleicht auch mit einem Gesicht aus Filzstücken verziert ist. Ein Fühlkasten kann angefertigt werden, indem ein Pappkarton mit buntem Papier beklebt wird. In die Oberseite wird ein Loch geschnitten, das groß genug ist, um eine Hand hindurchzustecken.
- Statt zweidimensionaler Formen können auch dreidimensionale Körper verwendet werden.

- eine Auswahl von Socken
- zweidimensionale geometrische Formen aus Plastik
- dreidimensionale geometrische Körper aus Holz
- Stoff, Filz und eine Kordel, um daraus einen Fühlsack zu fertigen
- Pappkarton, buntes Papier und Klebstoff, um daraus einen Fühlkasten zu fertigen

Formen und Räume — Mathematik

In der Pizzeria

Ernährung

⏱ 20   👤 2–4   ⚂

Lernerfahrungen
▶ Die Aufmerksamkeit auf runde oder kreisförmige Gegenstände wie eine Pizza oder Räder richten.
▶ *Hälften* und *Viertel* kennen lernen.

Durchführung
▶ Versammeln Sie die Kinder vor sich und geben Sie ihnen die Aufgabe, runde oder kreisförmige Gegenstände zu nennen. Halten Sie die Ergebnisse auf einem Flip-Chart oder einer Tafel fest. Steuern Sie das Gespräch gegebenenfalls so, dass „Pizza" als runde Form in die Liste aufgenommen werden kann.
▶ Erklären Sie den Kindern, dass in der Rollenspielecke eine Pizzeria aufgebaut werden soll.
▶ Wählen Sie eine Gruppe freiwilliger Helfer und richten Sie die Pizzeria ein.
▶ Stellen Sie die Stellwände auf und befestigen Sie an den Innenseiten weiße Tapete.
▶ Helfen Sie den Kindern dabei, die Wände mit gelben Kreisen zu bemalen.
▶ Nachdem die Farbe getrocknet ist, regen Sie die Kinder dazu an, Pizzabeläge wie Tomaten und Paprika einzuzeichnen.
▶ Stellen Sie im vorderen Bereich einen Tisch auf und legen Sie die Pizza-Nachbildungen aus Pappe oder Plastik darauf aus. Legen Sie die Pizza-kartons, Servietten und Pizzaschneider dazu.
▶ Stellen Sie im hinteren Bereich der Pizzeria zwei Backöfen und einen Tisch mit einem Telefon auf, sodass die Kinder Bestellungen entgegennehmen können.

Vertiefung
▶ Nehmen Sie am Spiel der Kinder teil und geben Sie dabei Impulse wie zum Beispiel: *Wie viel kostet eine halbe Pizza?*
▶ Helfen Sie den Kindern, eine Pizza zu backen und ein Pizzaessen zu veranstalten.

Variationen
▶ Ermuntern Sie die Kinder, herauszufinden, wer in ihrer Familie gern Pizza isst. Welche ist die beliebteste Pizza? Pizza Hawaii, Pizza vegetarisch oder Pizza mit Schinken?
▶ Sind die Kinder schon einmal in einer Pizzeria gewesen? Aus wie vielen Stücken bestand ihre Pizza? Haben sie eine halbe, drei viertel oder eine ganze Pizza gegessen?

→ Pizza-Rezept (Kochbuch)
→ Flip-Chart oder Tafel
→ schwarzer Stift oder Kreide
→ 2 Tische
→ 2 Spielzeug-Backöfen
→ Kasse
→ Spielgeld
→ Telefon
→ ggf. Pizza-Nachbildungen aus Plastik – sie sind in den meisten Spielwarengeschäften komplett mit Pizzaschneidern erhältlich; als Alternative kann Pappe gelb angestrichen und mit Tomaten- und Paprikastücken bemalt werden.
→ Fragen Sie in Ihrer örtlichen Pizzeria, ob man bereit wäre, ein paar Pizzakartons und Servietten zu spenden.

Mathematik   Formen und Räume

Natur

Gartenplan

- Tonpapier
- große Auswahl farbiger Formen (Kreise, Dreiecke, Quadrate und Rechtecke) aus gummiertem Buntpapier
- Klebstoff
- verschiedene Bastelmaterialien

Lernerfahrungen
- Sicherheit beim Bezeichnen geometrischer Formen gewinnen.
- Sich zu den Formen und dazu, wie sie arrangiert werden, äußern.
- Den Umgang mit Formen in den Sprachgebrauch aufnehmen, zum Beispiel: *Welche Form könnte hier passen?*

Durchführung
- Erzählen Sie den Kindern, welche Formen in Ihrem Garten zu finden sind. Kündigen Sie an, dass es heute um die Planung eines Gartens mit farbigen Formen geht.
- Verteilen Sie das Tonpapier und die Buntpapier-Formen an die Kinder.
- Erklären Sie ihnen, dass sie die Formen probeweise hin und her schieben sollten, bis sie die Position gefunden haben, die ihnen am besten gefällt. Erst dann sollte die Form aufgeklebt werden.
- Geben Sie den Kindern vielfältige Anregungen für ihre Gartenplanung: Mit Quadraten kann eine Terrasse angelegt werden, Rechtecke können Blumenbeete darstellen, Kreise können als Blumentöpfe verwendet werden und farbige Dreiecke ergeben interessante Bodenmuster. Vielleicht ist Platz für einen Teich oder einen Pfad?
- Geben Sie Anreize durch Fragen wie *Welche Form können wir für den Geräteschuppen nehmen? – Welche Form passt am besten in diese Ecke im Garten?* Zeigen Sie den Kindern, dass zwei Dreiecke zu einem Quadrat zusammengelegt werden können.
- Eventuell könnte ein örtliches Gartencenter bereit sein, die fertigen Pläne der Kinder auszustellen.

Vertiefung
- Dieselbe Technik kann auch zur Gestaltung von Wohnzimmern oder Kinderzimmern eingesetzt werden.
- Nachdem die Kinder einen zweidimensionalen Plan erstellt haben, bietet sich die Gestaltung eines dreidimensionalen Modells aus verschiedenen Bastelmaterialien an.

Variation
- Ermuntern Sie die Kinder dazu, zu erzählen, welche Formen in ihrem Garten zu Hause zu finden sind, zum Beispiel runde Trittsteine im Rasen. Ein solches Gespräch erfordert Einfühlungsvermögen hinsichtlich der Lebensumstände der Kinder. Haben einige Kinder keinen eigenen Garten zu Hause, können sie vielleicht über den Garten eines Freundes oder Verwandten berichten.

Formen und Räume   Mathematik

Hindernisbahn

Gesundheit

⏱ 45 | 👤 alle | 🎲

Lernerfahrungen
▶ Begriffe für Raumbeziehungen während Bewegungsaktivitäten verwenden.
▶ Kreislauf stimulieren und Körperkoordination fördern.
▶ Sich abwechseln.

Durchführung
▶ Diese Aktivität eignet sich als Element der Bewegungserziehung in Ihrer Gruppe. Darüber hinaus sind noch weitere Einsatzmöglichkeiten denkbar, zum Beispiel im Rahmen eines Sporttages, zu dem auch die Eltern eingeladen werden.
▶ Beim Aufbau der Hindernisbahn können die Kinder als Helfer fungieren und kleine Aufgaben übernehmen. Besprechen Sie mit ihnen genau, wo die einzelnen Geräte platziert werden sollen.
▶ Eine Hindernisbahn bietet viel Raum für Kreativität. Schaffen Sie vielfältige Krabbel- und Klettererfahrungen mit einer Auswahl verschiedener Geräte. Zum Abschluss bietet sich zur Stärkung ein kleiner gemeinsamer Imbiss an.

Vertiefung
▶ Dokumentieren Sie das Ereignis, indem Sie die Kinder beim Klettern und Krabbeln fotografieren. Kleben Sie die Bilder in ein Buch, das sich die Kinder später anschauen können. Ermuntern Sie die Kinder, die Fotos zu kommentieren und dabei Verhältniswörter zu verwenden: *Laura krabbelt unter dem Laken durch. – Benjamin geht hinter Thomas über eine Bank. – Lisa steht auf dem großen Kasten.*

Variation
▶ Die Kinder können das Fotoalbum mit nach Hause nehmen, um es ihren Eltern zu zeigen. Regen Sie die Kinder dazu an, mit ihren Eltern im Garten eine Hindernisbahn aufzubauen oder einen Abenteuerspielplatz zu besuchen.

▶ Zubehör, wie es in der Bewegungserziehung eingesetzt wird, zum Beispiel Bänke, Matten usw.
▶ Bohnensäckchen
▶ Netze
▶ altes Laken
▶ Leitkegel (Ballführung im Slalom)
▶ Kinderfahrräder
▶ Seile (in gerader Linie balancieren)
▶ Tunnel zum Hindurchkriechen
▶ Kamera
▶ großformatiges Papier (Anfertigung eines Buches)
▶ Klebstoff

❗ Weisen Sie die Kinder nachdrücklich auf Unfall- bzw. Verletzungsrisiken hin und leiten Sie sie zu umsichtigem Umgang mit den Geräten an.

Mathematik | Formen und Räume

Wohnen

Mein Haus

Lernerfahrungen
▶ Interesse an geometrischen Formen zeigen.
▶ Ähnlichkeiten zwischen Formen in der Umgebung erkennen.
▶ Geeignete Formen verwenden, um sie zu einem Bild zusammenzusetzen.

Durchführung
▶ Versammeln Sie die Kinder vor sich. Lenken Sie die Aufmerksamkeit der Kinder auf geometrische Formen in ihrer Umgebung und ermutigen Sie sie, sich dazu zu äußern. Geben Sie Impulse: *Welche Formen könnt ihr hier im Raum entdecken? – Welche Form haben die Fenster? – Könnt ihr hier im Raum etwas finden, das die gleiche Form hat wie die Fenster?*
▶ Verteilen Sie das Tonpapier und die Buntpapier-Formen an die Kinder.
▶ Geben Sie den Kindern den Auftrag, Formen auszusuchen, um damit auf dem Tonpapier ein Haus zu gestalten.
▶ Liefern Sie dazu Anregungen: *Welche Form eignet sich für den Schornstein? – Welche Formen könnte man für Türen verwenden? – Welche Formen ergeben einen Pfad zur Haustür?*
▶ Halten Sie die Kinder dazu an, die Formen zunächst auf das Papier aufzulegen und erst dann festzukleben.

Vertiefung
▶ Bei einer ähnlichen Aktivität können die Kinder die Aufgabe erhalten, mit geometrischen Formen eine menschliche Figur zu gestalten. Auch hier bieten sich wieder Anregungen an: *Welche Form eignet sich, um einen Kopf darzustellen?* Ein mit schwarzem Filzstift aufgemaltes Gesicht rundet die Gestaltungsarbeit ab. Eventuell können noch individuelle Details angefügt werden: Rechtecke ergeben zum Beispiel einen prächtigen Pferdeschwanz.

Material
→ Tonpapier im Format DIN-A4
→ große Menge geometrischer Formen aus gummiertem Buntpapier in verschiedenen Größen
→ Klebstoff
→ schwarze Filzstifte

Variation
▶ Puzzles bieten vielfältige Erfahrungen im Umgang mit Formen. Öffentliche Bibliotheken verfügen zumeist über eine große Auswahl an Puzzlespielen.

Klapp-Blumen

Natur

⏱ 20 | 👤 2–4 | ⚃

Lernerfahrungen
▸ Verständnis für Symmetrien entwickeln.
▸ Eine symmetrische Blüte und einen symmetrischen Schmetterling gestalten.

Durchführung
▸ Greifen Sie im Gespräch mit den Kindern auf, was der Begriff *Symmetrie* bedeutet.
▸ Malen Sie eine halbe Blüte auf eine Hälfte eines Papierbogens. Die Kinder schauen dabei zu.
▸ Falten Sie das Papier in der Mitte, bevor die Farbe zu trocknen beginnt.
▸ Klappen Sie den Papierbogen wieder auf; es sollte eine symmetrische Blüte zu sehen sein.
▸ Helfen Sie nun den Kindern dabei, symmetrische Blüten zu gestalten. Die Kinder sollten darauf hingewiesen werden, dass schnelles Malen erforderlich ist, um den gewünschten Effekt zu erzielen.
▸ Die gleichen Arbeitsschritte werden mit einem Schmetterlingsmuster wiederholt.

Vertiefung
▸ Schneiden Sie die fertigen Blüten aus und versehen Sie sie mit einem Stiel und mit Blättern. Fixieren Sie die Blumen an einer freien Wandfläche. Fordern Sie die Kinder dazu auf, die Blumen zu zählen. Es kann sinnvoll sein, zunächst nur fünf Blumen anzubringen. Mit wachsendem Zahlenverständnis der Kinder kann die Menge schrittweise bis zur Zahl Zehn ergänzt werden. Kleben Sie die Schmetterlinge auf Tonpapier und befestigen Sie sie rund um die Blumen.

Variation
▸ Ermuntern Sie die Kinder, in ihrer häuslichen Umgebung auf symmetrische Formen zu achten.

- ➡ Umrisse von Blumen auf weißem Papier, das in der Mitte gefaltet wird
- ➡ Umrisse von Schmetterlingen auf gefaltetem Papier
- ➡ weißes Papier
- ➡ Plakatfarben
- ➡ Pinsel
- ➡ Schere
- ➡ Klebstoff
- ➡ Fläche zum Ausstellen der fertigen Bilder
- ➡ Tonpapier

Mathematik — Formen und Räume

Formen

⏱ 20 | 👥 2–4 | 🎲 4

Formen-Laden

Lernerfahrungen
▸ Geometrische Formen absichtsvoll in Spielsituationen verwenden.
▸ Hüte mit fortlaufenden geometrischen Mustern gestalten.
▸ Einige Formen anhand von Ähnlichkeiten und räumlicher Ausrichtung zuordnen.

- 3 Stellwände
- zweidimensionale und dreidimensionale Formen aus Plastik
- Formen aus Pappe
- Plakat mit geometrischen Formen
- Geometriepuzzle/ -legespiele
- Geometriebausätze
- Perlen und Schnur
- Spielgeld oder Münzen
- Kasse
- 2 Tische
- Tonpapier, in lange Streifen und geometrische Formen geschnitten
- Formen aus gummiertem Buntpapier
- Klebstoff
- Schere

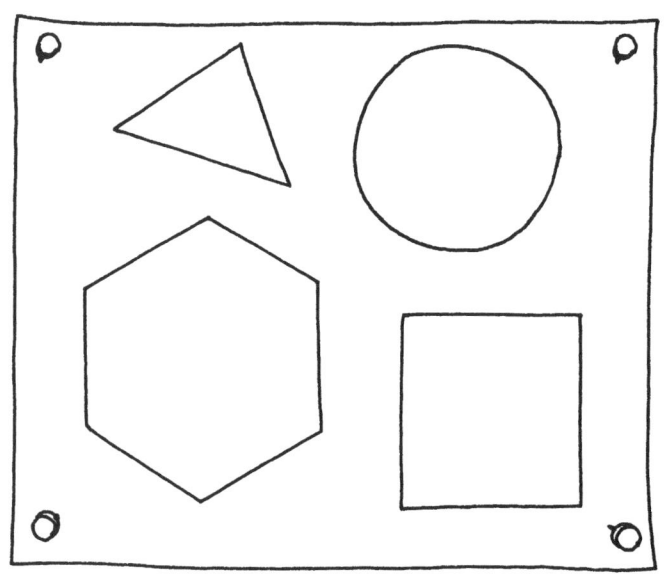

Durchführung
▸ Regen Sie den Einfallsreichtum der Kinder an und lassen Sie sie überlegen, womit ein Laden für Formen ausgestattet sein sollte. Stellen Sie sicher, dass ihre Vorschläge unter anderem auch geometrische Formen enthalten. Weisen Sie die Kinder darauf hin, dass solche Formen verschieden groß sein können.
▸ Legen Sie ein Plakat unter dem Motto „Wochenthema" an, auf dem die geometrische Form, die in der betreffenden Woche thematisch im Mittelpunkt steht, abgebildet ist.
▸ Legen Sie Geometriepuzzle, -legespiele oder -bausätze und eine Vielzahl von zweidimensionalen Formen aus Pappe und Plastik in verschiedenen Größen bereit.
▸ Stellen Sie eine Kiste mit Perlen und Schnüren zum Aufziehen von Halsketten (die im Laden verkauft werden) dazu.
▸ Richten Sie im hinteren Bereich einen Basteltisch mit Tonpapier, Formen aus Buntpapier und Klebstoff ein.
▸ Die Kinder können ihre geometrischen Formen nun kaufen und verkaufen.

Vertiefung
▸ Leiten Sie die Kinder dazu an, selbstständig geometrische Collagen zu erstellen. Mit Ihrer Hilfe können die Kinder Papierhüte mit geometrischen Mustern gestalten. Zeigen Sie den Kindern anhand eines Beispiels, wie man an einem Ende eines Tonpapierstreifens ein Muster beginnen und dann bis zum anderen Ende fortsetzen kann (zum Beispiel einen roten Kreis und ein grünes Dreieck abwechselnd aufkleben).
Die Papierstreifen für die Hüte werden so abgemessen, dass sie den Kindern passen, und zusammengeheftet.

Variation
▸ Zu Hause können die Kinder aus einem alten Katalog zum Beispiel kreisförmige Gegenstände ausschneiden (zum Beispiel einen Teller, eine Uhr oder einen Tisch) und auf einen Papierkreis kleben.

Formen und Räume — Mathematik

Formen-Tauschbörse

Formen

⏱ 10 | 👥 alle | ⚃

Lernerfahrungen
▶ Eine vorgegebene Form korrekt auswählen.
▶ Dreidimensionale Formen anhand von Ähnlichkeiten und räumlicher Ausrichtung zuordnen.
▶ Miteinander kooperieren.

Durchführung
▶ Versammeln Sie die Kinder in einem Sitzkreis und teilen Sie sie in Untergruppen auf. Legen Sie eine Auswahl an geometrischen Formen in die Kreismitte.
▶ Fordern Sie die Kinder einer Gruppe auf, einen Kreis zu nehmen. Eine weitere Gruppe hebt Rechtecke auf, eine dritte Gruppe Dreiecke usw.
▶ Fordern Sie die Kinder mit den Kreisen auf, aufzustehen und dreimal hochzuspringen. Geben Sie den Kindern mit den Dreiecken die Aufgabe, sich zu strecken und ihre Zehen zu berühren.
▶ Fordern Sie alle Kinder auf, aufzustehen und in die Kreismitte zu treten.
▶ Erklären Sie den Kindern die folgende Spielregel: *Wenn ich „Los!" rufe, suchen alle Kinder, die einen Kreis haben, ein anderes Kind mit einem Kreis. Die Kreis-Kinder stehen dann zusammen und halten sich an der Hand.*
▶ Geben Sie ihnen nach dieser Spielrunde die Anweisung, ein Kind zu finden, das eine andere geometrische Form in der Hand hält. Die Kinder tauschen ihre Formen und rufen dabei *Tauschen!*.

➡ Auswahl von geometrischen Formen aus Pappe

Vertiefung
▶ Geometrische Formen werden für eine „Formenjagd" überall im Raum verteilt. Verändern Sie die Position der Formen täglich, damit die Kinder erneut auf die Suche gehen können.

Variation
▶ Die Kinder können bestimmte Formen in der Einrichtung ausfindig machen, zum Beispiel einen rechteckigen Teebeutel oder ein kreisförmiges Kissen.

Formen

Ich sehe was, was du nicht siehst ...

→ Blanko-Aufkleber
→ schwarzer Filzstift

Lernerfahrungen
▶ Geometrische Formen benennen.
▶ Hinweise deuten und Vorhersagen treffen.

Durchführung
▶ Versammeln Sie die Kinder vor sich und erklären Sie ihnen, dass sie das Spiel „Ich sehe was, was du nicht siehst" spielen werden, allerdings sollen sie die genannten Gegenstände nicht im Raum ausfindig machen, sondern sie richtig benennen.
▶ Sprechen Sie den Kindern den Satz vor: *Ich sehe was, was du nicht siehst, und das ist rund.* Geben Sie Hinweise, damit die Kinder die Antwort *Kreis* finden können.
▶ Wiederholen Sie das Spiel mehrmals mit anderen geometrischen Formen.
▶ Variieren Sie das Spiel dann, indem Sie die Suche von Gebrauchsgegenständen mit einbeziehen: *Ich sehe was in diesem Raum, und das ist rund.* Die Kinder nennen eventuell eine Wanduhr oder einen runden Tisch. Sie können auch den Anfangsbuchstaben des Gegenstandes vorgeben.
▶ In einer weiteren Runde kann das Spiel abgewandelt werden, indem Sie sagen: *Ich denke an eine Zahl. Es ist die Zahl, die nach der 3 kommt. An welche Zahl denke ich?*
▶ Fordern Sie die Kinder auf, Ihre Rolle zu übernehmen, und beobachten Sie, ob sie das Spiel leiten können.

Vertiefung
▶ Zeichnen Sie mit einem schwarzen Filzstift verschiedene geometrische Formen auf Blanko-Aufkleber.
▶ Bitten Sie ein Kind, aufzustehen, und kleben Sie ihm einen der Aufkleber auf den Rücken.
▶ Leiten Sie das Kind an, um den Sitzkreis zu gehen, damit die anderen Kinder die Form auf dem Aufkleber sehen können. Dann erhält das Kind Tipps von den anderen, die ihm helfen sollen, die Form zu erraten. Beispiel: *Die Form hat drei Seiten.*

Variation
▶ Regen Sie die Kinder an, mit ihren Eltern „Ich sehe eine Form und die ist ..." zu spielen. Die häusliche Umgebung oder der örtliche Park bieten viele Gelegenheiten, Kreise, Quadrate oder Sechsecke zu erspähen.

Formen und Räume — Mathematik

In welche Kiste passt das Tier?

Spielen

⏱ 10 | 👥 alle | 🎲

Lernerfahrungen
▶ In Ansätzen Problemlösungskompetenzen entwickeln.
▶ Erste Schritte in der Betrachtung geometrischer Formen aus verschiedenen Perspektiven unternehmen.
▶ Auf Spaßfragen unter Verwendung von Bezeichnungen für Formen und Größen antworten.

Durchführung
▶ Versammeln Sie die Kinder in einem Sitzkreis und legen Sie eine Auswahl von Stofftieren und verschieden großen Behältern in die Kreismitte.
▶ Stellen Sie den Kindern eine offensichtlich unsinnige Frage wie zum Beispiel: *Passt der dicke Stoffelefant wohl in diese kleine Schachtel?* Die Kinder werden sicher – eventuell mit ein wenig Bestärkung Ihrerseits – bestätigen, dass der Stoffelefant für eine so kleine Schachtel viel zu groß ist. Fordern Sie die Kinder auf, sich gegenseitig ähnliche Fragen zu stellen.
▶ Anschließend erhalten die Kinder die Aufgabe, einen Behälter zu finden, in den zum Beispiel ein Teddy hineinpasst.
▶ Lassen Sie die Kinder genauso mit einer Puppe verfahren. Um diese einfachen Problemstellungen zu lösen, können die Kinder entweder durch Augenmaß abschätzen, ob ein Spielzeug in einen bestimmten Behälter passt, oder sie können versuchen, das Spielzeug in den Behälter hineinzustecken.
▶ Lassen Sie die Kinder darüber nachdenken, welche geometrische Form zum Beispiel ein Teddy sehen würde, wenn er vom Schachtelinneren aus auf die Öffnung blicken könnte.
▶ Fordern Sie die Kinder auf, sich vorzustellen, sie seien klein genug, um in eine Papprolle (Verpackung zum Beispiel von Kartoffelchips) hineinspazieren zu können. Welche Form könnten sie am Ende der Röhre erkennen?

Vertiefung
▶ Die Kinder nehmen Stofftiere mit in den Außenbereich und probieren aus, welches Spielauto oder Spielfahrrad die richtige Größe für ihr Stofftier hat (das große Fahrrad für den großen Teddy, das kleine Fahrrad für den kleinen Teddy).

Variation
▶ Die Kinder können das Spiel fortsetzen und sich Spaßfragen ausdenken. Beispiel: *Glaubst du, dass der Dinosaurier in diese Dose passt?*

→ Auswahl von Stofftieren
→ Auswahl von Kisten und Behältern in verschiedenen Größen
→ Spielautos und -fahrräder

Mathematik | Formen und Räume 107

Spielen

⏱ 20

Spielsachen-Muster

Lernerfahrungen
▸ Muster und Anordnungen erkennen und weiterführen.
▸ Formen und Farben von Spielzeugen bewusst wahrnehmen.

- ➔ Auswahl von Spielzeugen in verschiedenen Formen und Farben
- ➔ Klemmbretter
- ➔ Papier
- ➔ Buntstifte und Filzstifte
- ➔ Kopiervorlagen (Spielzeuge) auf S. 130 und 131
- ➔ gummiertes Buntpapier
- ➔ Tonpapierstreifen
- ➔ Schwämme
- ➔ Schere
- ➔ Farben

Durchführung
▸ Bilden Sie mit den Kindern einen Sitzkreis und legen Sie eine große Auswahl von Spielsachen in die Mitte.
▸ Reihen Sie Spielzeuge in einer bestimmten Anordnung auf, zum Beispiel Ball, Auto, Ball, Auto. Was fällt den Kindern auf? Können sie sagen, welches Spielzeug die Reihe fortsetzt? Bitten Sie ein Kind, die Anordnung weiterzuführen. Wiederholen Sie diese Arbeitsschritte mehrmals. Weiten Sie die Lernerfahrung aus, indem Sie drei Spielzeuge hintereinander anordnen, zum Beispiel Ball, Puppe, Teddy. Was fällt den Kindern auf? Welches Spielzeug setzt diese Anordnung fort?
▸ Fordern Sie die Kinder nun auf, Spielsachen mit verschiedenen Farben zu einem Muster anzuordnen, zum Beispiel ein rotes, ein blaues, ein rotes, ein blaues Spielzeug.
▸ Geben Sie den Kindern Klemmbretter, auf denen sie ihre Muster aufzeichnen können. In einem weiteren Arbeitsschritt können die Kinder ihre Muster von einem anderen Kind fortführen lassen.

Vertiefung
▸ Anhand der Kopiervorlagen von S. 130 und 131 kann eine kreative Zusatzaufgabe angeboten werden. Schneiden Sie Schwammstücke entsprechend den vorgegebenen Formen zurecht und geben Sie den Kindern Gelegenheit, mit den Schwämmen und mit verschiedenen Farben eigene fortlaufende Muster zu drucken.
▸ Die Vorlagen eignen sich auch, um sie aus gummiertem Buntpapier auszuschneiden. Die Umrisse werden dann als fortlaufendes Muster auf lange Streifen von Tonpapier geklebt.

108 Formen und Räume   Mathematik

Einen Drachen bauen

Wetter

⏱ 20 | 👥 6–8 | ⚃ 4

Lernerfahrungen
▶ Einen Gegenstand in Form einer Raute anfertigen.
▶ Die Form leicht abändern, um daraus durch Anfügen von Stangen und Schnur einen Drachen zu bauen.

Vorbereitung
▶ Zeichnen Sie auf ein großes Stück Karton großflächig den Umriss einer Raute. Verwenden Sie diese Vorlage als Schablone, anhand derer Sie für jedes Kind aus Papiertuch eine Raute ausschneiden. Legen Sie die benötigten Materialien bereit und versammeln Sie die Kinder.

Durchführung
▶ Besprechen Sie mit den Kindern die Form, die Sie ausgeschnitten haben, und lassen Sie sie darüber nachdenken, was man daraus machen kann.
▶ Zeigen Sie ihnen, wie man zwei Stäbe zu einem Kreuz zusammenlegt. Fixieren Sie das Kreuz in der Mitte mit einem Stück Schnur.
▶ Befestigen Sie die Stäbe an dem Papiertuch, indem Sie die Enden an den Ecken der Raute mit Klebeband ankleben.
▶ Knoten Sie ein langes Stück Schnur in die Mitte des Kreuzes und zeigen Sie den Kindern, wie die Schnur auf einer Küchenpapierrolle aufgewickelt wird.
▶ Befestigen Sie einen langen, dünnen Papiertuchstreifen als Schwanz an einem Ende des Drachens.

Vertiefung
▶ Helfen Sie den Kindern, mit Formen aus Buntpapier ein Gesicht für den Drachen zu gestalten und aufzukleben.
▶ Das Gesicht kann auch gezeichnet werden.
▶ Geben Sie den Kindern Gelegenheit, an einem windigen Tag ihre Drachen im Außenbereich auszuprobieren.

Variation
▶ Fragen Sie die Kinder, ob sie schon einmal einen Drachen haben steigen lassen, welche Form er hatte, wo sie ihn fliegen ließen und welches Wetter man dafür braucht.

→ großformatiger Karton
→ große Stücke Papiertuch
→ Pflanzen- oder Holzstangen
→ große Rolle Drachenschnur
→ Schnur zum Binden der Stangenkreuze
→ Papprollen (zum Beispiel von Küchenpapierrollen)
→ transparentes Klebeband
→ Klebstoff
→ Schere
→ gummiertes Buntpapier

Mathematik — **Formen und Räume**

Spielen

Bären-Girlande

Lernerfahrungen
▶ Verständnis für Symmetrien entwickeln.
▶ Die Handhabung von Scheren erlernen und üben.

Durchführung
▶ Zeigen Sie den Kindern einen langen Streifen Tonpapier und falten Sie ihn zu einer Ziehharmonika.
▶ Übertragen Sie den Umriss der Bären-Vorlage von S. 132 auf die Vorderseite. Achten Sie darauf, dass die Hände und Füße die Falze berühren.
▶ Zeigen Sie den Kindern anschließend, wie die Papierziehharmonika in einer Hand gehalten und der Umriss der Figur ausgeschnitten wird.
▶ Das Papier wird dann vorsichtig zu einer Kette aus Teddybären auseinandergefaltet. Helfen Sie den Kindern dabei, die Symmetrieachsen zu finden und die Anzahl der Bären zu zählen.
▶ Danach dürfen die Kinder in jedes Bärengesicht Augen, Nase und Mund malen.
▶ Zum Abschluss bemalen die Kinder die Bären in verschiedenen Farben, sodass sie ein wiederkehrendes Muster bilden.

Vertiefung
▶ Eine Tapetenrolle eignet sich, um eine große Teddy-Girlande zu fertigen. Die Kinder können sie bemalen und dann an der Wand befestigen. Solche Girlanden lassen sich auch mit jahreszeitlichen Motiven gestalten, wie zum Beispiel mit bunten Eiern und Hasen zu Ostern oder mit Weihnachtsbäumen und Geschenkpäckchen zur Weihnachtszeit.

Variationen
▶ Die Kinder können ihren Eltern zu Hause zeigen, wie eine Bären-Girlande angefertigt wird.
▶ Autos oder Eisenbahnwaggons eignen sich ebenfalls als Motive.

- Tonpapierstreifen
- Vorlage (Bär) auf S. 132
- Scheren
- Bleistifte
- Wachsmalstifte
- weiße Tapetenrolle, um eine große Papierkette aus Bären zu fertigen

! Die Arbeit mit Scheren erfordert die Anleitung und Beaufsichtigung durch Erwachsene.

Formen und Räume — Mathematik

Puppenmöbel bauen

Wohnen

⏱ 45 | 👤 2–4 | ⚃

Lernerfahrungen
▸ Beobachten, wie ein dreidimensionaler Körper (zum Beispiel eine Pappschachtel) zu einem Flächennetz auseinandergefaltet wird.
▸ Ein Möbelstück in passender Größe für eine Puppe oder ein Stofftier fertigen.
▸ Mit geometrischen Körpern umgehen.

Durchführung
▸ Lassen Sie die Kinder zu Beginn der Aktivität überlegen, welche Möbel sich in ihren Wohnungen oder Häusern befinden.
▸ Erklären Sie ihnen anschließend, dass sie ein Möbelstück für ihre Lieblingspuppe oder ihr Lieblingsstofftier herstellen werden.
▸ Geben Sie Beispiele für Gestaltungsideen, zum Beispiel ergeben vier Pappröhren und zwei flache Müslischachteln ein Etagenbett, oder ein Sessel lässt sich aus zwei großen und zwei kleinen Schachteln zusammensetzen.
▸ Demonstrieren Sie an einem Beispiel, wie die Kleberänder einer Müslischachtel vorsichtig gelöst werden und die Schachtel dann flach auseinandergefaltet werden kann. Weisen Sie die Kinder auf das sich ergebende Flächennetz aus geometrischen Formen hin. Anschließend wird die Schachtel wieder zusammengefaltet, und zwar mit der grauen Innenseite nach außen, damit sie einfacher bemalt werden kann. Verschließen Sie die Kleberänder mit Krepp-Band.
▸ Fordern Sie die Kinder vor Arbeitsbeginn auf, zu beschreiben, was sie aus dem Bastelmaterial bauen wollen.
▸ Helfen Sie ihnen dann, das passende Material zu finden und Pappschachteln in der beschriebenen Weise aufzutrennen und wieder zusammenzusetzen. Unterstützen Sie die Kinder beim Zusammenfügen der Bauelemente, damit sie das gewünschte Puppenmöbel erhalten.

Vertiefung
▸ Die Kinder bemalen die fertigen Möbel. Dazu bieten sich fortlaufende Muster an. Vierecke aus Stoffresten, die als Sitzkissen oder Tischdecken dienen, geben den Puppenmöbeln den letzten Schliff.

▸ eine Auswahl von Verpackungsmaterialien, die sich zum Basteln eignen, zum Beispiel Schachteln, Pappröhren und Joghurtbecher
▸ Plakatfarben
▸ Pinsel
▸ Krepp-Band
▸ Puppen oder Stofftiere
▸ Stoffreste
▸ Schere

Mathematik — Formen und Räume

Wohnen

Formen-Lotto

- Vorlagen auf S. 126 und S. 127
- Fotokarton
- Filzstifte
- Laminierfolie
- Schere
- verschließbare Klarsichttasche
- Klebstoff

Lernerfahrungen
- Interesse an geometrischen Formen zeigen.
- Geometrische Formen benennen und ihre Eigenschaften beschreiben.
- Bis zu 10 Objekte zählen.
- Sich mit anderen abwechseln.

Vorbereitung
- Fotokopieren Sie die Vorlage von S. 126 auf Fotokarton. Eventuell können die Kopien mit Filzstift koloriert werden. Laminieren Sie jede Kopie und schneiden Sie die geometrischen Formen aus. Fotokopieren Sie den Würfel auf dünnen Karton oder festes Papier, malen Sie ihn aus und beziehen Sie ihn zur besseren Haltbarkeit mit transparenter Klebefolie. Bewahren Sie die Einzelteile des Spiels in einer verschließbaren Klarsichttasche auf.

Durchführung
- Vier bis sechs Kinder, die als Spieler bestimmt werden, sitzen rund um einen Spieltisch. Jedes Kind erhält eine Spielvorlage. Die zu dem Spiel gehörenden Formen werden in die Tischmitte gelegt.
- Die Kinder werfen der Reihe nach den Würfel. Dann nennen sie die geometrische Form, die der Würfel anzeigt, wählen die passende Form aus den Stücken auf dem Tisch aus und fügen sie an entsprechender Stelle in ihre Vorlage ein.
- Halten Sie die Kinder dazu an, sich beim Spiel abzuwechseln und nicht laut vorzusagen, welche Form der Würfel anzeigt, damit alle Mitspieler eine faire Chance haben.
- Das Kind, das als erstes die Spielvorlage vervollständigt hat, ist Gewinner.
- Das Spiel kann fortgesetzt werden, um den „zweiten Gewinner" zu ermitteln usw.

Vertiefung
- Die Kinder erhalten die Aufgabe, auf der Spielvorlage nach symmetrischen Anordnungen zu suchen.

Variation
- In ihrer häuslichen Umgebung können die Kinder danach Ausschau halten, wie viele Fenster, Türen, Zimmer oder Treppen es in ihrer Wohnung oder im Haus gibt.

Formen und Räume

Mathematik

Guck' da!

Formen

Lernerfahrungen
▶ Mathematische Bezeichnungen für zweidimensionale Formen und dreidimensionale Körper verwenden.
▶ Mathematische Begriffe zur Beschreibung von Formen erlernen.
▶ Aktives Interesse und Aufmerksamkeit zeigen: *Wieso sehen die Formen gleich aus?* oder *Warum sind einige Formen verschieden?*

Durchführung
▶ Zeigen Sie den Kindern Ihre Auswahl zweidimensionaler Formen. Fragen Sie sie, wie die Formen heißen und wie viele Seiten oder wie viele Ecken sie haben.
▶ Fordern Sie die Kinder auf, die Augen zu schließen. Stecken Sie eine der Formen in den braunen Umschlag. Ziehen Sie sie nun langsam und Stück für Stück wieder heraus. Ermuntern Sie die Kinder, die Form zu erraten, indem sie sich das gezeigte Stück ansehen und Voraussagen treffen. Wenn eine Ecke aus dem Umschlag ragt, könnte es sich um ein Dreieck oder ein Quadrat handeln. Ist keine Ecke zu sehen, könnte es ein Kreis sein. Wenn die ganze Form zum Vorschein kommt, rufen die Kinder *Guck' da!*.
▶ Falls sich Kinder freiwillig dafür melden, können sie Formen aus dem Umschlag ziehen, während Sie den anderen Kindern beim Raten helfen.
▶ Zeigen Sie den Kindern dreidimensionale Körper und besprechen Sie mit ihnen, wie man diese Formen nennt. Lassen Sie eine der Formen langsam hinter einem Flip-Chart oder einer Standtafel zum Vorschein kommen. Die Kinder versuchen vorauszusagen, welche Form es ist. Sobald die ganze Form zu sehen ist, rufen die Kinder *Guck' da!*.

Vertiefung
▶ Mit Ihrer Hilfe gestalten die Kinder ihr eigenes Bilderbuch mit Klappbildern. Jedes Kind erhält weißes Papier mit der Aufgabe, auf jedes Blatt eine geometrische Form aus gummiertem Buntpapier zu kleben. Die aufgeklebten Formen werden jeweils mit einem weiteren Stück Papier verdeckt, das mit transparentem Klebeband am oberen Rand des Blattes fixiert wird und so als Klappe dient.

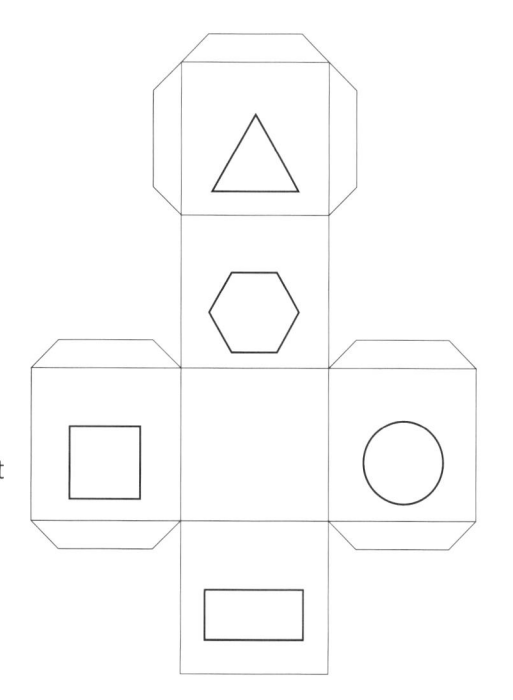

→ geometrische Formen aus Pappe
→ großformatiger brauner Umschlag oder Stoffbeutel
→ geometrische Körper aus Plastik oder Holz
→ Flip-Chart oder Standtafel
→ Papier im Format DIN-A4 zur Herstellung eines Buches
→ geometrische Formen aus gummiertem Buntpapier
→ Klebstoff
→ Klebeband

Formen

⏱ 20 | 👥 2–4 | 🎲 5

Wir sind Roboter

Lernerfahrungen
▶ Ein ferngesteuertes Spielzeug handhaben.
▶ Anweisungen geben, empfangen und umsetzen.

Durchführung
▶ Sie werden feststellen, dass beinahe jedes Kind in Ihrer Gruppe ein ferngesteuertes Spielzeug besitzt und sich mit Vorliebe damit beschäftigt.
▶ Vielleicht verfügen Sie über eine Auswahl an ferngesteuerten Spielsachen, andernfalls können Sie die Kinder fragen, ob sie bereit sind, Spielzeuge von zu Hause mitzubringen.
▶ Bilden Sie mit den Kindern einen Sitzkreis und platzieren Sie die Spielsachen in der Mitte. Die Kinder dürfen erklären, wie die einzelnen Spielzeuge heißen und wie sie funktionieren.
▶ Bringen Sie das Gespräch durch Fragen in Gang: *Was muss man tun, damit das Spielzeug funktioniert? – Braucht es Batterien? – Gibt es einen Knopf zum Einschalten? – Wie lässt man es vorwärtsfahren? – Wofür braucht man diesen Schalter?*
▶ Bitten Sie die Kinder, einige Spielzeuge so einzustellen, dass sie ein bestimmtes Ziel im Raum ansteuern, zum Beispiel die Tür oder eine Wand.
▶ Erklären Sie den Kindern, dass Sie jetzt einen Roboter verkörpern. Sprechen Sie mit Roboterstimme und machen Sie mechanische Bewegungen. Bitten Sie die Kinder, Ihnen Anweisungen zu geben.

Vertiefung
▶ Unterstützen Sie die Kinder dabei, die Anweisungen zu variieren durch Formulierungen wie: *Zwei Schritte vorwärts, Zwei Schritte zurück, Nach rechts, Nach links.*
▶ Tauschen Sie die Rollen, sodass nun die Kinder Roboter verkörpern. Stellen Sie die Frage in den Raum, wie gut sie Ihre Anweisungen befolgen können.
▶ Gebrauchtes Verpackungsmaterial eignet sich, damit die Kinder daraus ihre eigenen Roboter basteln können. Die Pappmodelle werden mit Aluminiumfolie umgeben. Verschlüsse von Plastikflaschen dienen als Augen und Nase.

→ Auswahl von ferngesteuerten Spielzeugen, zum Beispiel ein Auto, ein Boot, ein Hund oder ein Roboter
→ Auswahl von Schachteln und Papprollen
→ Röhren
→ Verschlüsse von Plastikflaschen
→ Aluminiumfolie
→ Farbe
→ Klebstoff

Mosaike

Formen

⏱ 20 👥 2–4 🎲

Lernerfahrungen
▶ Bezeichnungen für Formen und räumliche Zuordnungen verwenden.
▶ Erfahren, dass sich manche Formen zusammenfügen lassen und andere nicht.
▶ Eine genannte Form korrekt auswählen.

Durchführung
▶ Setzen Sie sich mit einer kleinen Gruppe auf den Spielteppich. Lassen Sie die Kinder frei mit den Plastikformen spielen. Allein durch das Spiel werden sie entdecken, dass manche Formen zusammengefügt werden können und andere nicht, zum Beispiel lassen sich Quadrate im Gegensatz zu Kreisen zusammenlegen. Denken Sie mit den Kindern darüber nach, warum das so ist.
▶ Zeigen Sie den Kindern ein Bild von Honigwaben. Weisen Sie auf die Sechsecke hin, aus denen die Waben bestehen. Lassen Sie die Kinder das Bild genau betrachten und machen Sie sie darauf aufmerksam, dass sich die kleinen Sechsecke ineinanderfügen.
▶ Verteilen Sie Pauspapier und Sechsecke aus gelbem Papiertuch an die Kinder. Leiten Sie sie dazu an, ihre eigenen Honigwaben zu fertigen.
▶ Achten Sie darauf, dass die Kinder die Sechsecke zunächst auf das Papier legen, bevor sie sie festkleben.
▶ Stellen Sie gemeinsam mit den Kindern fest, aus wie vielen Sechsecken ihre Honigwaben bestehen.

Vertiefung
▶ Welche weiteren Beispiele finden die Kinder für Formen, die sich wie Mosaike zusammenfügen? Eventuell besteht der Küchenfußboden aus quadratischen Fliesen, oder die Terrasse ist mit sechseckigen Steinen gepflastert.

→ zweidimensionale Formen aus Plastik
→ Abbildung von Honigwaben
→ Pauspapier
→ viele große Sechsecke, aus gelbem Papiertuch geschnitten
→ Klebstoff

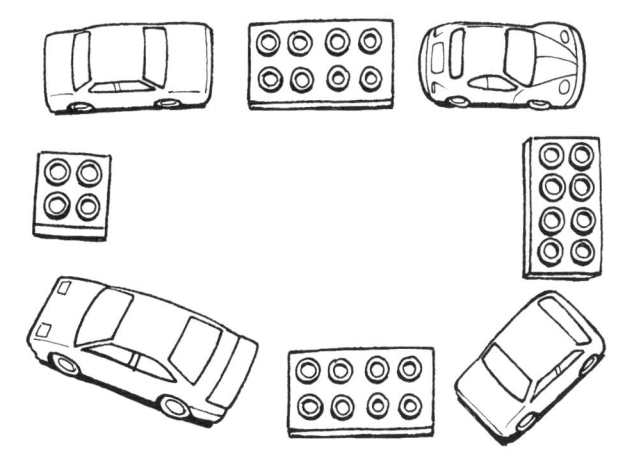

Kopiervorlagen   **Teddys an der Wäscheleine**

Zehn kleine Bären | **Kopiervorlagen**

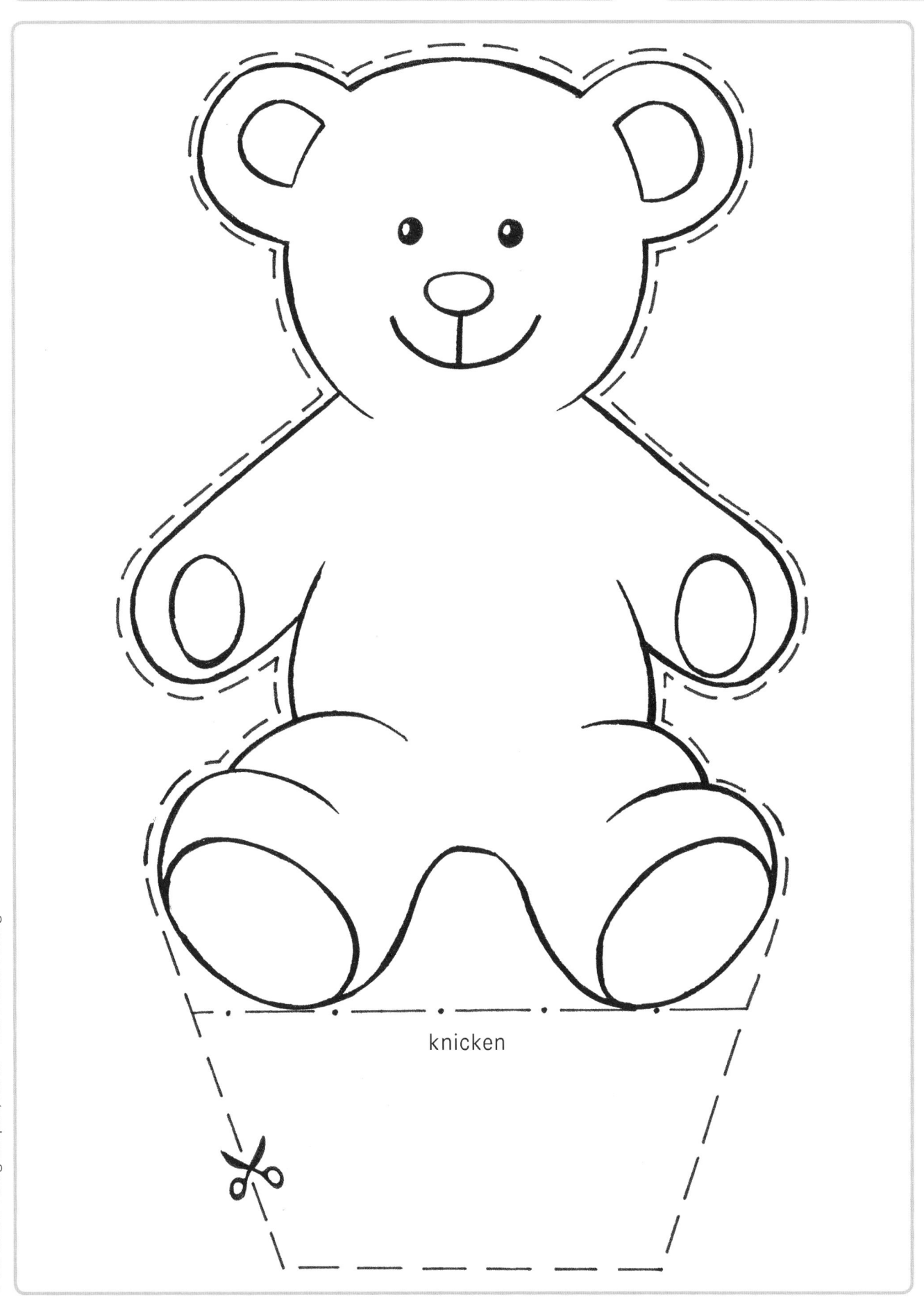

knicken

Mathematik

Kopiervorlagen | **Alles Gute zum Geburtstag!**

_____ hat heute Geburtstag!

Geburts-tagskind

Das Geburtstagskind darf die Vorlage ausmalen. Befestigen Sie Geschenkband an der „Geburtstags-Medaille". Das Kind darf sie an seinem besonderen Tag tragen.

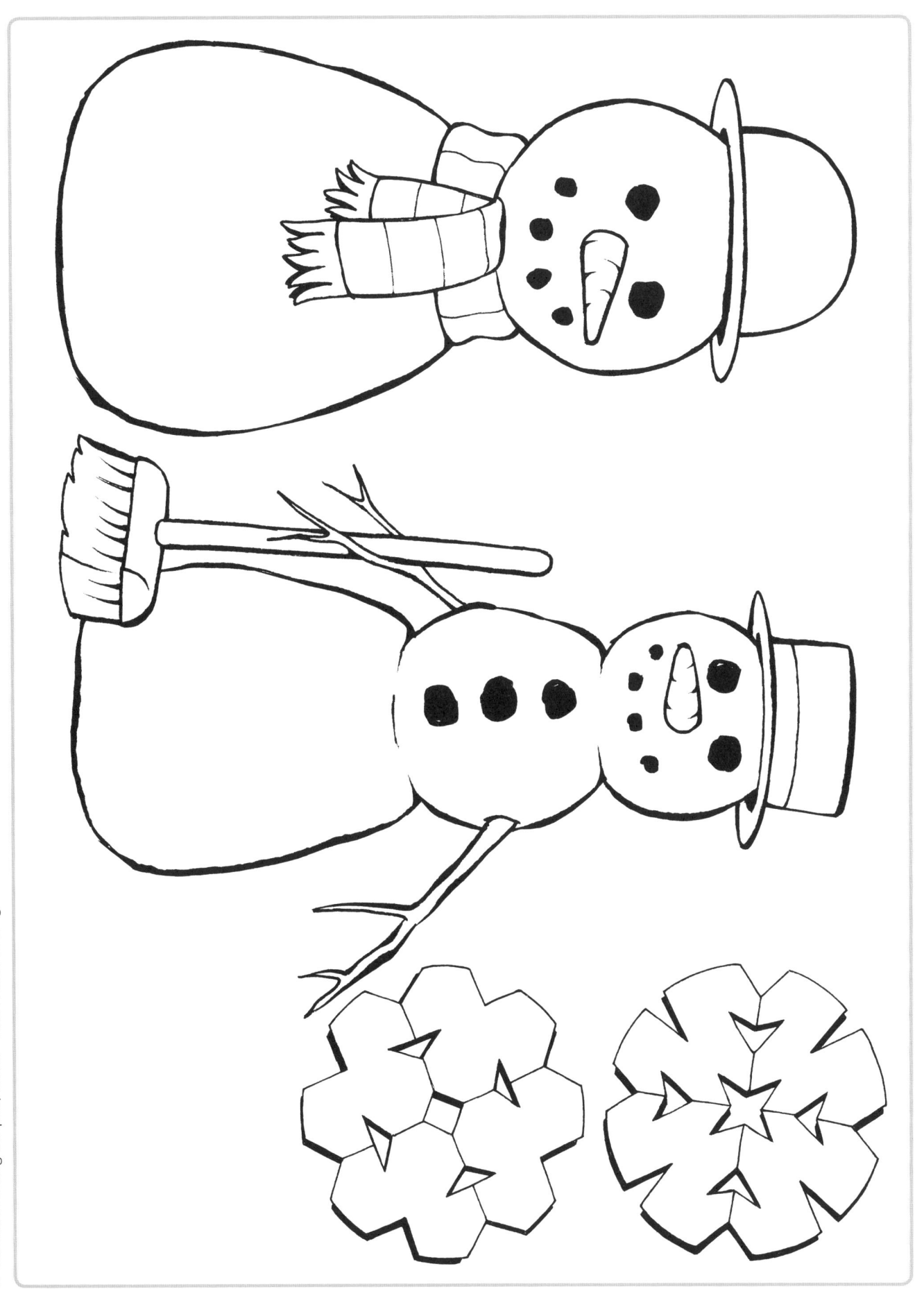

Wie viele Tage bis Weihnachten? **Kopiervorlagen**

Mathematik

Kopiervorlagen **Weihnachtsladen**

Osternester Kopiervorlagen

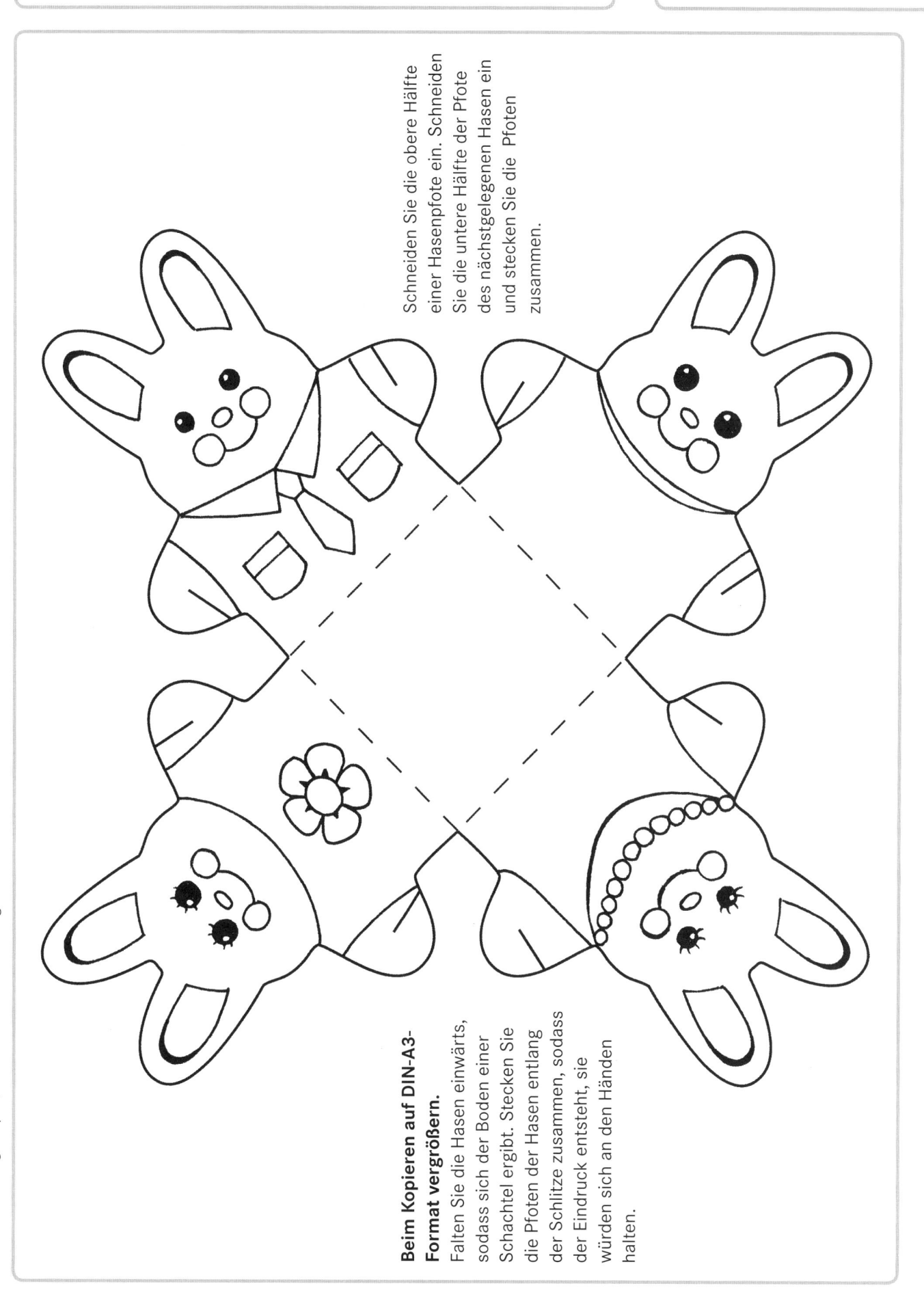

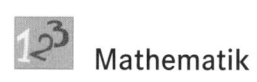

Schneiden Sie die obere Hälfte einer Hasenpfote ein. Schneiden Sie die untere Hälfte der Pfote des nächstgelegenen Hasen ein und stecken Sie die Pfoten zusammen.

Beim Kopieren auf DIN-A3-Format vergrößern.

Falten Sie die Hasen einwärts, sodass sich der Boden einer Schachtel ergibt. Stecken Sie die Pfoten der Hasen entlang der Schlitze zusammen, sodass der Eindruck entsteht, sie würden sich an den Händen halten.

Mathematik

Kopiervorlagen | **Tiger hat Geburtstag!**

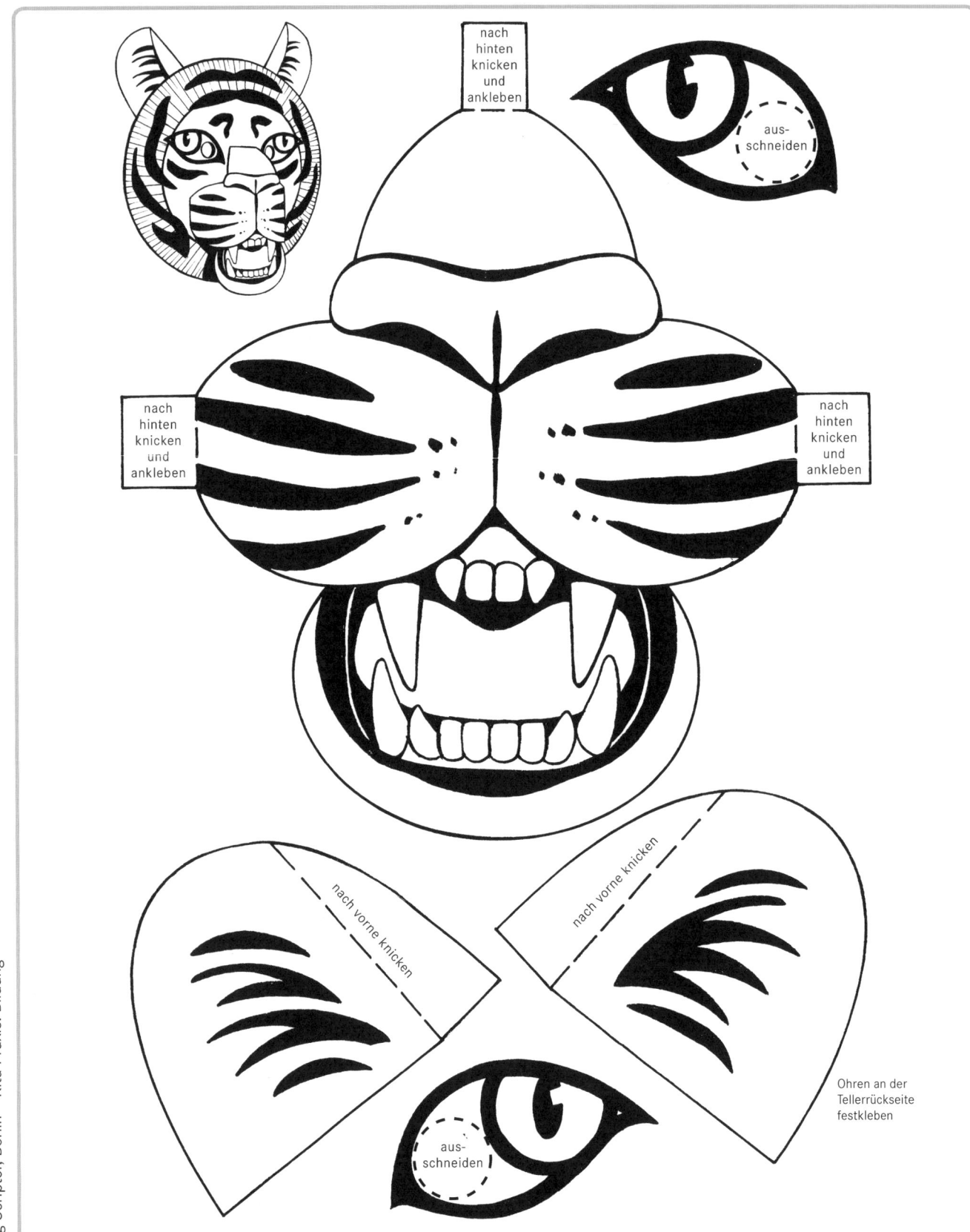

nach hinten knicken und ankleben

aus- schneiden

nach hinten knicken und ankleben

nach hinten knicken und ankleben

nach vorne knicken

nach vorne knicken

Ohren an der Tellerrückseite festkleben

aus- schneiden

Für diese Maske werden Pappteller benötigt, auf die das Gesicht aufgeklebt wird. Fotokopieren Sie die Maske auf festes Papier und lassen Sie die Kinder jeweils die Vorlage sowie die Rückseite eines papptellers bemalen (siehe Abbildung). Schneiden Sie die Maske aus und kleben Sie die Laschen am Pappteller fest. Passen Sie den Augenabstand an das jeweilige Kind an.

Buntes Würfelspiel | Kopiervorlagen

Ziel

Start

Mathematik

Kopiervorlagen **Farben-Twister**

Rot	Gelb
Blau	Grün

⟶

124 Kopiergenehmigung zum Eigengebrauch besteht nur für Einrichtungen, die dieses Buch erwerben.

Mathematik

Mein Würfelspiel | **Kopiervorlagen**

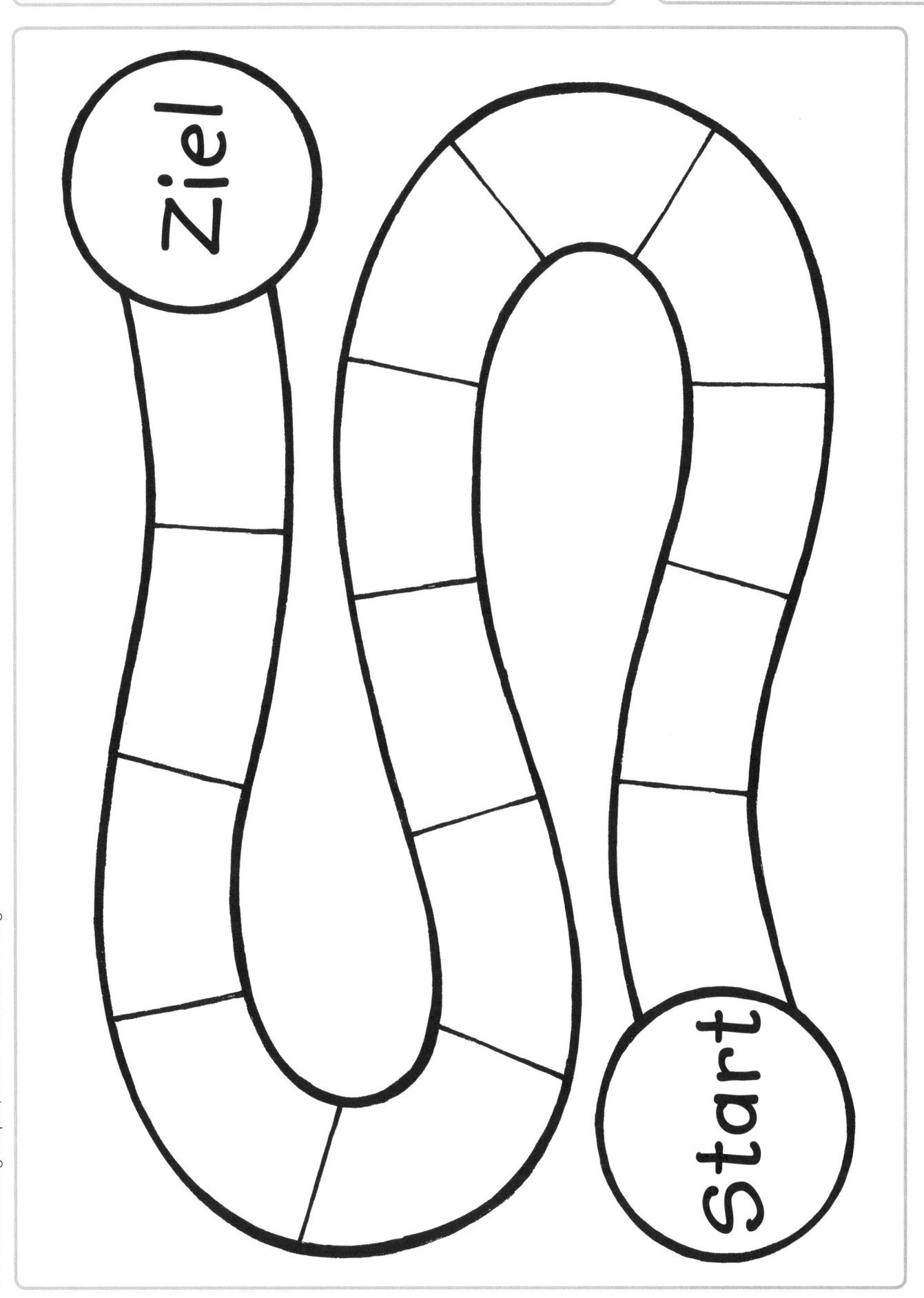

Kopiervorlagen | **Formen-Lotto (1)**

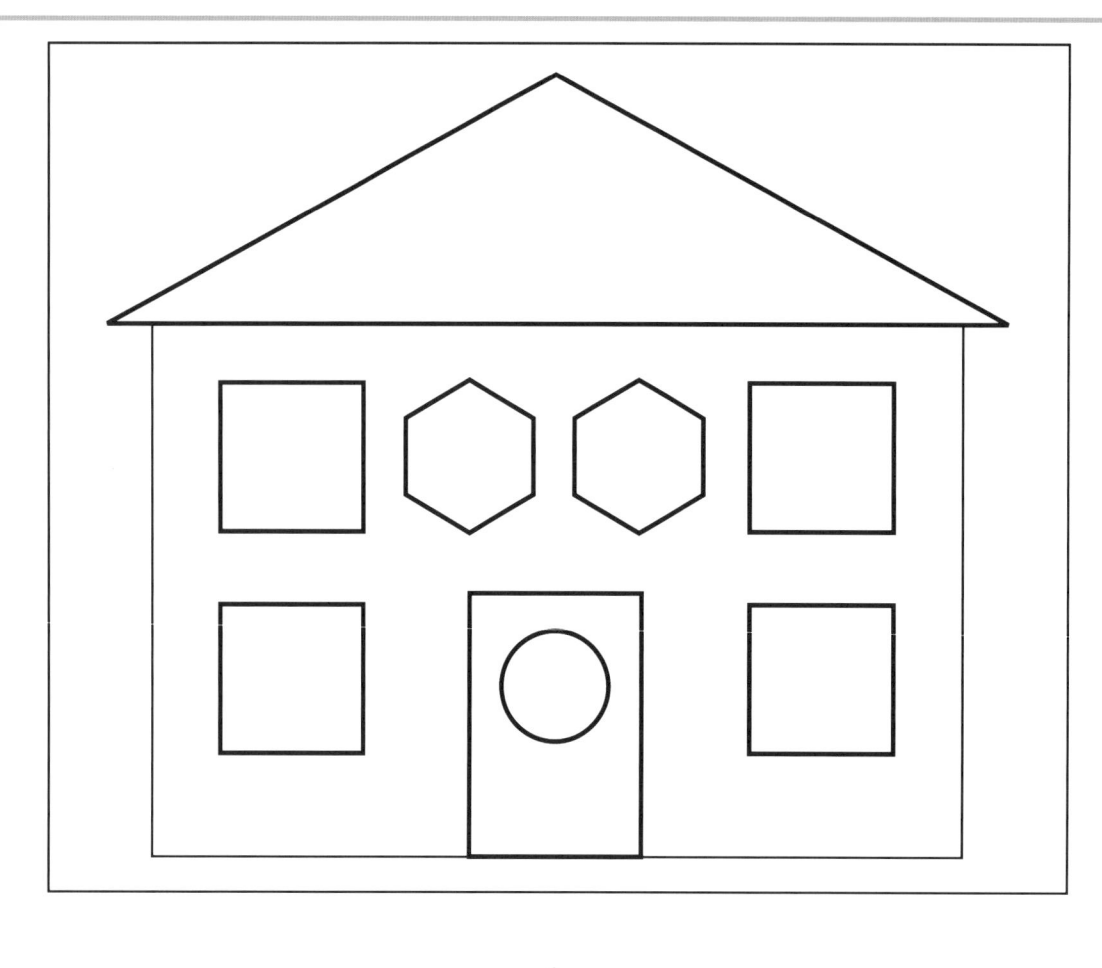

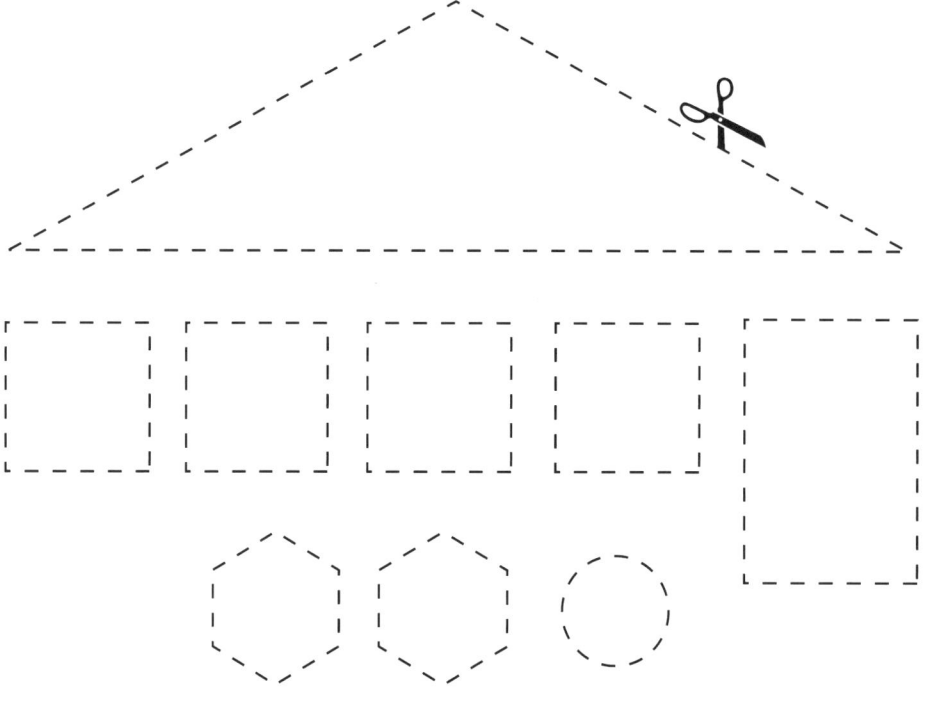

Vergrößern Sie die Vorlage auf DIN-A3-Format. Die Kinder dürfen die Kopien ausmalen. Laminieren Sie die Spielvorlage, schneiden Sie die geometrischen Formen aus und kleben Sie die Vorlage auf feste Pappe.

126 Kopiergenehmigung zum Eigengebrauch besteht nur für Einrichtungen, die dieses Buch erwerben. Mathematik

Formen-Lotto (2) | **Kopiervorlagen**

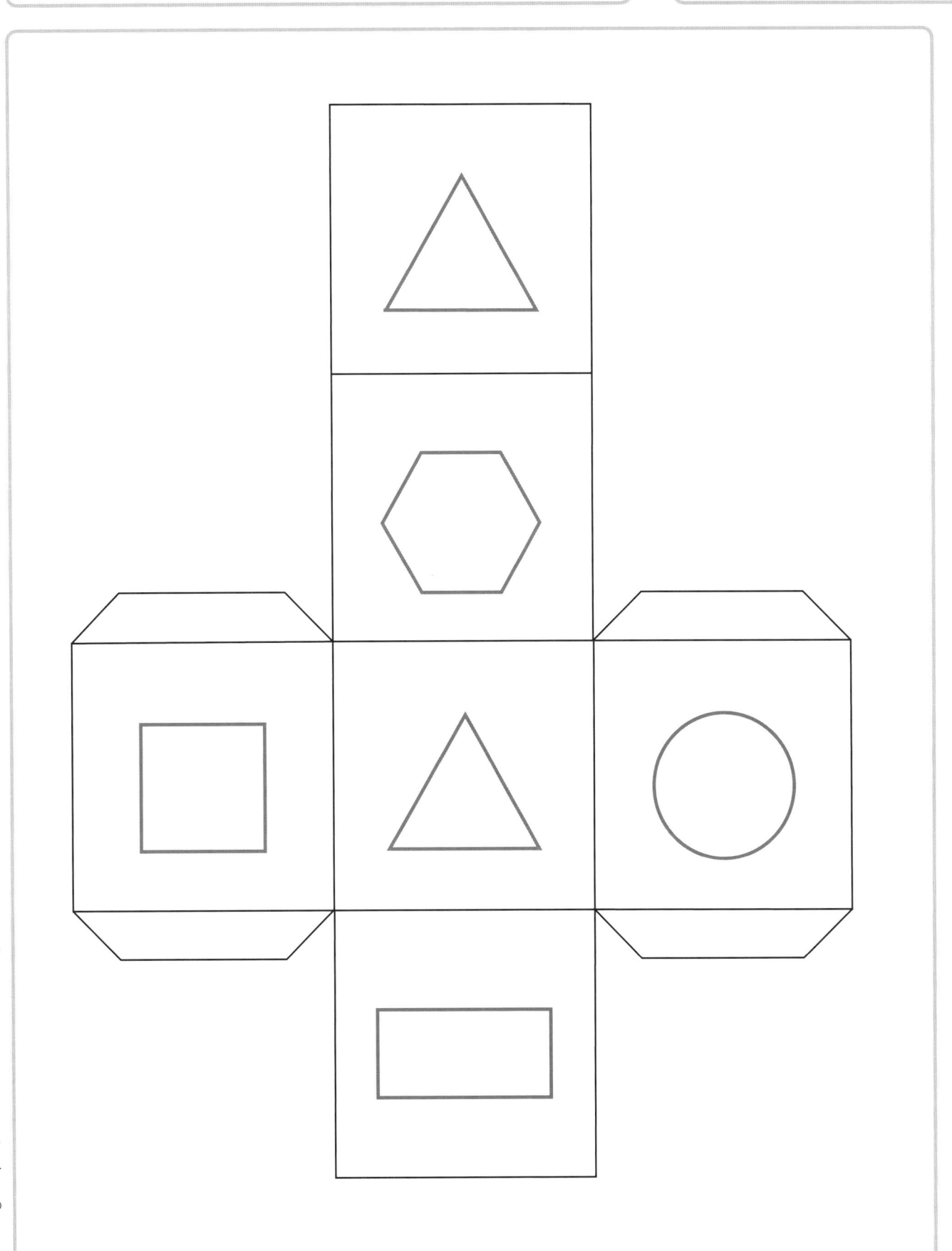

Fotokopieren Sie den Würfel auf dünnen Karton oder festes Papier. Die Kinder malen die Vorlage aus. Laminieren Sie die Vorlage, schneiden Sie sie aus und kleben Sie sie zusammen.

Mathematik

Kopiervorlagen **Jahreszeiten-Uhr**

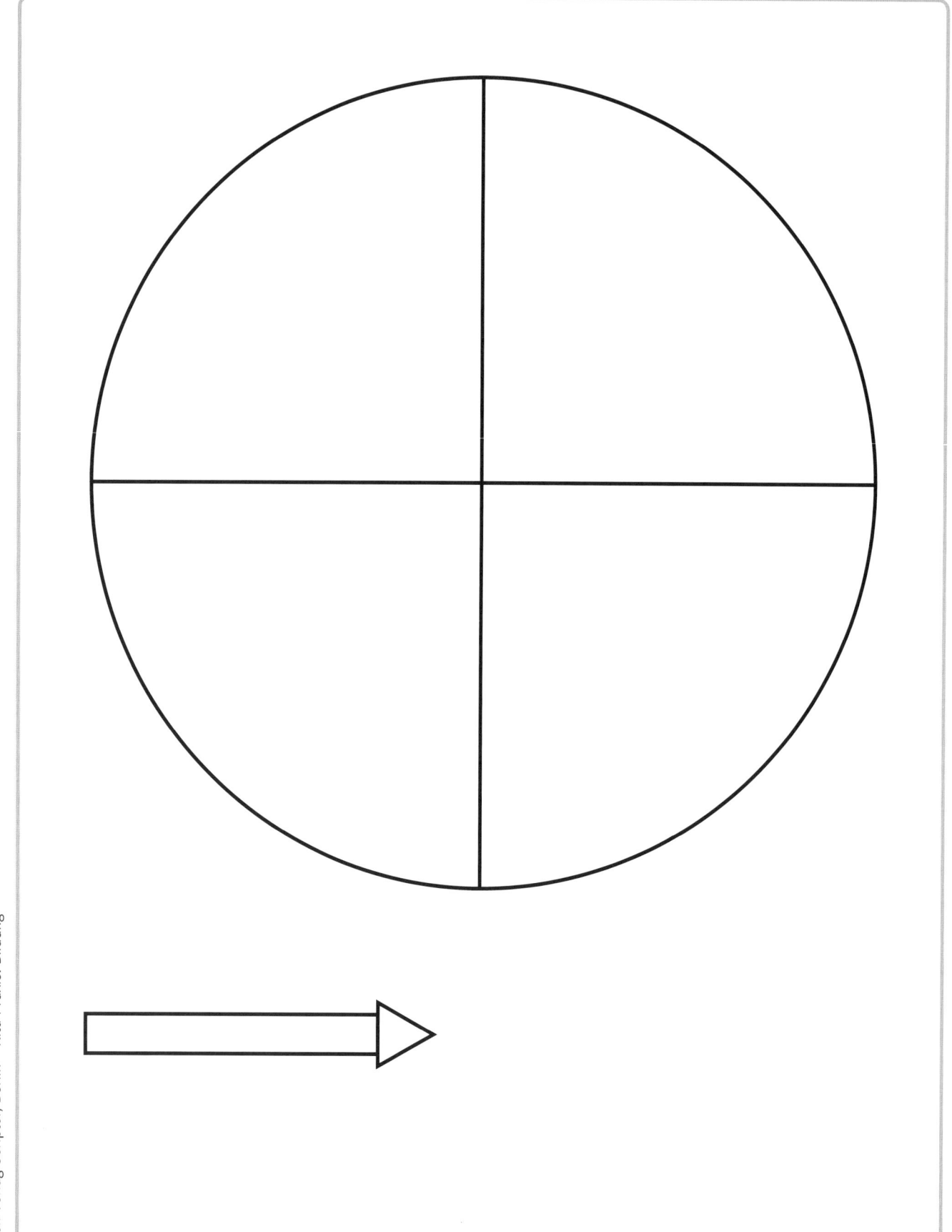

Fotokopieren Sie die Vorlage für jedes Kind auf dünnen Karton. Die Unterschiede der Jahreszeiten werden besprochen, dann zeichnen die Kinder für jede Jahreszeit ein entsprechendes Motiv.

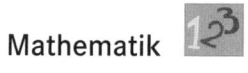

128 Kopiergenehmigung zum Eigengebrauch besteht nur für Einrichtungen, die dieses Buch erwerben.   **Mathematik**

Bären-Uhr Kopiervorlagen

Fotokopieren Sie den Bären und die Uhrzeiger. Die Kinder dürfen die Kopien ausmalen. Laminieren Sie die Kopien und schneiden Sie sie aus. Befestigen Sie mit einer Heftklammer die Uhrzeiger in der Mitte des Zifferblatts.

Mathematik

Kopiervorlagen **Spielsachen-Muster (1)**

Fotokopieren Sie diese Vorlagen mehrmals für jedes Kind. Die Kinder malen die Kopien aus. Laminieren Sie die Kopien und schneiden Sie sie aus. Die Kinder erhalten spie Aufgabe, die Vorlagen als fortlaufendes Muster anzuordnen.

Spielsachen-Muster (2) — Kopiervorlagen

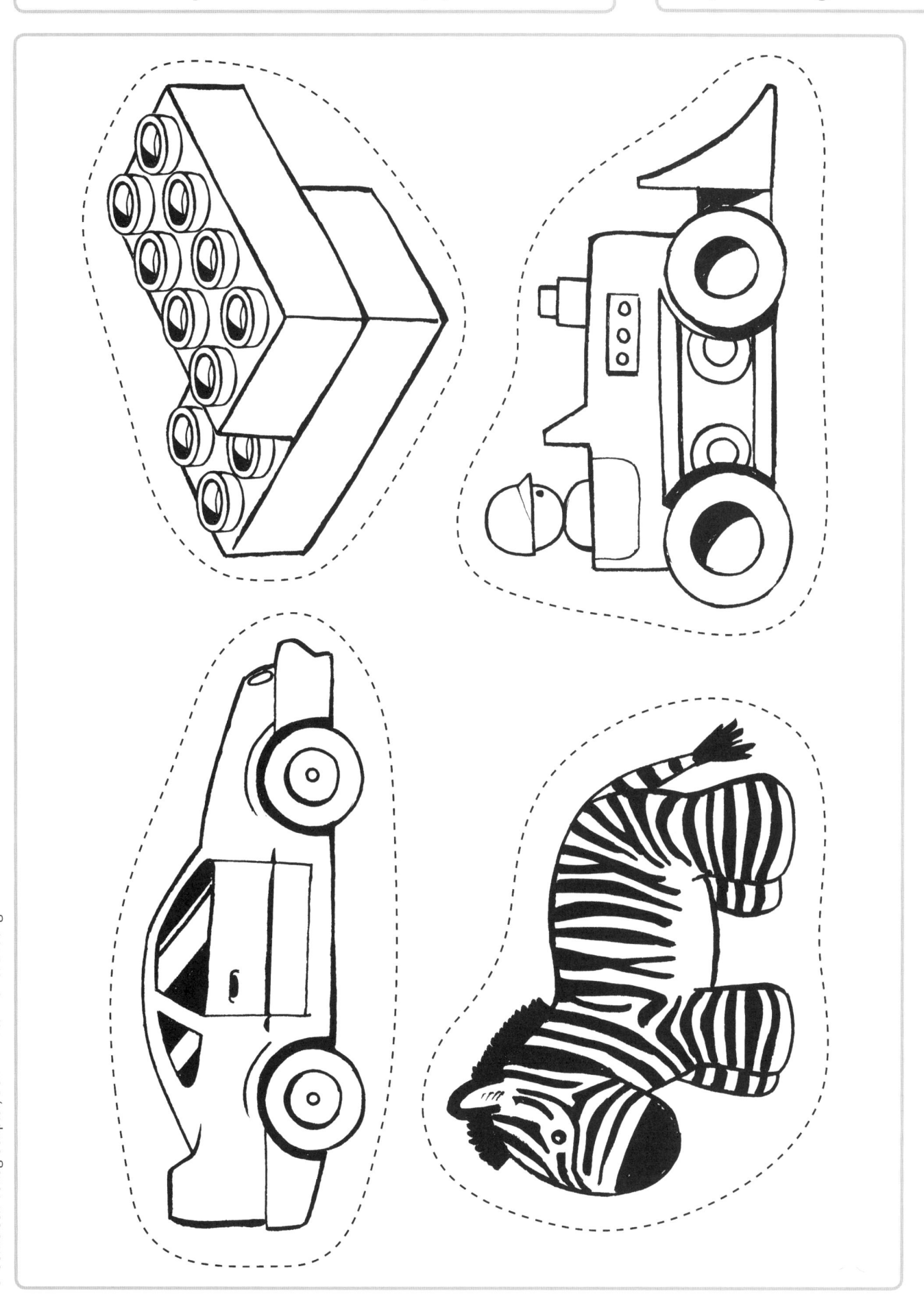

Mathematik

Kopiervorlagen **Bären-Girlande**

Wettersymbole **Kopiervorlagen**

Kopiervorlagen | **Mit der Familie unterwegs**

Würfel-Bingo | Kopiervorlagen

Mathematik

Begabungen kreativ fördern

Wilfried Berghoff Hrsg.)
Kita-Praxis: Bildung
Kreativität: erfinden, probieren, gestalten
3 bis 6 Jahre
176 Seiten mit Abb.,Paperback
ISBN-10:   3-589-22249-2
ISBN-13: 978-3-589-22249-0*

Wilfried Berghoff (Hrsg.)
Kita-Praxis: Bildung
Natur und Umwelt: forschen, untersuchen, entdecken
3 bis 6 Jahre
200 Seiten mit Abb., Paperback
ISBN-10:   3-589-22244-1
ISBN-13: 978-3-589-22244-5*

Jens Christian Möller
Sozialmanagement
Handbuch KiTA Leitung
288 Seiten Paperback
ISBN-10:   3-589-24270-1
ISBN-13: 978-3-589-24270-2*

*(gilt ab 1.1.2007)

Fragen Sie bitte in Ihrer Buchhandlung!